JN083791

How-nual　Shuwasystem Industry Trend Guide Book

図解入門
業界研究

最新

映画産業の動向とカラクリがよ～くわかる本

業界人、就職、転職に役立つ情報満載

［第4版］

中村 恵二
佐々木 亜希子 著

秀和システム

はじめに

新型コロナウイルスによるパンデミックと政治的混乱により、世界中の映画産業が一変してしまいました。劇場は一時休業を余儀なくされ、多くの作品が公開延期となり、さらには制作の現場がストップするなど、混乱がいまだ続いています。二〇二〇年の世界映画興行収入は前年比七二%減の約一一五億ドルと報告され、国別では長らく最大の映画大国だったアメリカに代わり、中国が初めてトップに立っています。アメリカの各映画スタジオでは、大作映画の公開延期もしくはPVOD（プレミアム・ビデオ・オン・デマンド／有料配信）への切り替えや劇場公開との同時配信といった措置もとられています。日本の映画産業においても、コロナ禍は大きな衝撃を与え、とりわけ全国のほぼすべての映画館が閉鎖され、急きょ、クラウドファンディングなどによる支援活動も行われました。その後、映画館が再び営業を始め、最初は五〇%に制限されていた座席使用率もいまでは多くの映画館において一〇〇%に戻っていますが、それでも、これまで映画館の主要客層だった高年齢層の来館数がまだ戻ってこない状況にあります。

その一方、インターネット動画配信はコロナ禍により大きく業績を伸ばしています。テレワークの拡大や学校のリモート対応などにより、自宅にこもらざるを得ない国民が、休息時間に気軽にアクセスできるのはインターネット動画配信だったからです。それまでビジネスとしてはあまり活発ではなかったインターネット配信が日本国内でも上向きになり、配信サービスのプラットフォームも増え、サービス業者は新しいソフトを必要とし、映画製作への出資と関与にも積極的になってきました。これまで映画産業には遠い存在のようだったデジタルネイティブ世代が、いまや映画産業の牽引（けんいん）役のような存在になろうとしています。

コロナ禍からミニシアターを救おうと呼びかけた「SAVE the CINEMAプロジェクト」の趣意書の中に、「日本は、世界中の多様な映画を見ることができる世界でも有数の映画大国といえます。しかし、全国のスクリーン数のほぼ九割をシネマコンプレックスが占めるという状況の中で、この映画文化の多様性を支えているのは残り一割のミニシアターのスクリーンなのです」と書かれています。そのミニシアターを守りたい。その想いから、有志の呼びかけ人、賛同者が政府に対して緊急支援を求める要望書が作成され、change.orgによって集められた署名とともに、政府や関係省庁に提出されました。連携団体であるミニシアター・エイド基金は大規模なクラウドファンディングを行い、多くの支援を得ています。

三〇年くらい前の日本アカデミー大賞の表彰式のときに、最優秀監督賞を受賞した故伊丹十三さんが、受賞スピーチでこんなことを述べていました。〝皆さん、映画は映画館の大きなスクリーンで観ましょう〟

それに同調して、司会の武田鉄矢さんや最優秀主演男優賞を獲得した山崎務さんも、「映画は映画館で」と呼びかけていました。当時はビデオレンタルチェーンの大手「TSUTAYA」がオープンした頃で、「映画はビデオを借りて、家で観る」というライフスタイルが生まれていました。そんなこともあって、映画監督や俳優さんたちは機会あるごとに、映画館に足を運ぶよう呼びかけていたのです。

前述のように、今日ではインターネットによる配信サービスが隆盛で、映画館でもデジタル化が進んでいます。映画鑑賞の手段は多彩になってきました。それでもやはり、「映画は大きなスクリーンで」というのが、映画ファンの原点になっています。本書では、映画産業の現在について多面的に紹介するとともに、コンテンツ・ビジネスという広い枠の中での映画産業の位置付けなどについても詳しく解説したいと思います。現在すでに映画産業に携わっている人はもちろん、これから映画産業への就職を考えている人、映画の世界に興味や関心がある人など、多くの人にご満足いただける内容になっています。

映画産業の明るい未来に貢献できることを願いながら、上映開始です。最後までどうぞごゆっくりお楽しみください。

中村恵二

最新映画産業の動向とカラクリがよ～くわかる本［第4版］

●目次

第3章 日本のアニメ産業の動向

第4章 コロナ禍前までの映画製作の歴史と仕組み

第5章 映画産業の仕事と求められるスキル

第6章 映画産業と法律

映画産業の現在とこれからを知る

「はじめに」でも述べたように、新型コロナウイルスによるパンデミックと政治経済、そして社会の混乱により、世界中の映画産業のビジネス環境が一変しました。

これまでの、「製作」から「配給」「興行」「マルチユース」にまで至るビジネスモデルが根底から覆ってしまいました。

映画館興行に代わり、インターネット動画配信サービスに映画ファンが集まり、そのサービス業者は他社との競合から新しい映画ソフトを必要とし、映画製作への出資や製作委員会への関与を積極的に行っています。

映画産業は、日本のコンテンツ・ビジネスを支える基幹産業といわれています。その中で映画ソフトは「メディア・コンテンツ」に属し、インターネットなどを媒体とする「デジタル・コンテンツ・ソフト」としての地位を確立し、これまで以上に大きな役割が期待されるようになってきました。

1 コロナ禍と映画産業への影響

二〇一九年に、過去最高の興行収入に沸いた日本の映画産業も、二〇年に入り一転して厳しい状況に置かれています。二〇〇一年以降、日本の映画の市場規模はおおむね二〇〇〇億円規模で推移してきましたが、二〇二〇年は映画館の座席使用率の制限などから、五割に近い落ち込みとなっています。

ほぼ半減した興行収入と入場人員

日本映画製作者連盟が二〇二一年三月に発表した速報によれば、二〇二〇年の興行収入は対前年比五四・九％の一四三二億八五〇〇万円で、入場人員もほぼ同率の対前年比五四・五％となる一億六一三万人まで減少しています。興行収入のかたちで発表されるようになった二〇〇〇年の約一七〇〇億円を下回る最低の数字でした。四～五月に新作がほぼ封切られなかったこともあり、年間の公開本数は前年より二六一本少ない一〇一七本になりました。邦画の大幅減により、二〇二〇年の公開本数では洋画が上回りました。それでも洋画の公開本数も七〇本少なくなっています。

映画産業の働き方改革

コロナ禍前より邦画の制作本数が多すぎることについて、かねてより制作現場での労働環境の悪化を指摘する声もありました。映画の仕事については後章でも詳しく解説しますが、撮影が連日深夜に及ぶなどハードワークが指摘されてきました。

また、製作現場ではスタッフのほとんどがフリーランス契約であり、コロナ禍により外出自粛の制限を受けると、撮影現場が休止状態となり、製作スケジュールに影響を及ぼすとともに、フリーランスに対するコロナ禍の所得補償も後手に回り、待遇の改善も含めて、映画の現場において、働き方改革の必要性が叫ばれています。

変わる興行形態

　映画館はこれまで各種法令などにより一定の空調設備の整備が義務付けられており、強制的な機械換気が可能なことや上映中は対面による会話などが原則想定されないことから、他の劇場、ホールとは条件が異なるのに、音楽や演劇などと同じ規制を受けてきました。

　その上、とどまることのない感染の拡大で、映画館には引き続いての入場規制や設備の追加などが求められています。具体的には、「劇場内での十分な座席間隔を確保する」「各回の上映ごとに、スクリーンのドアノブや手すりなど、不特定多数が触れやすい場所を消毒し、換気性能を確認する」「幕間に扉を開放して、スクリーン内の換気を行う」などです。

　また、これまでのような満席、立ち見の上映などは許されず、さらに観客も密の状態を嫌うことから、一回あたりの上映収入とそのコストとの見合いが問われてきます。そのため、映画館経営において、作品の選択や集客方法、さらには会員制の導入を含む顧客管理の見直しなどが急務となりつつあります。

2020年（令和2年）全国映画概況

区　分		2020年	前年比	2019年
入場人員		106,137（千人）	54.5%	194,910（千人）
興行収入	全体	143,285（百万円）	54.9%	261,180（百万円）
	邦画	109,276（76.3%）	76.9%	142,192（54.4%）
	洋画	34,009（23.7%）	28.6%	118,988（45.6%）
平均入場料金		1,350（円）	100.7%	1,340（円）
公開本数	全体	1,017（本）		1,278（本）
	邦画	506（本）		689（本）
	洋画	511（本）		589（本）
映画館数		3,616（スクリーン）		3,583（スクリーン）

日本映画製作者連盟資料より

2 日本のコンテンツ市場の動向

コロナ禍前の日本のコンテンツ市場規模は二〇一八年で一一兆八五五八億円、映像系ソフトが全体の五八・八％を占め、次いでテキスト系ソフトの約三五％、音声系ソフトの六・四％になっています。

多面的なコンテンツ市場

コンテンツ産業は、メディア別に映像系（テレビ、ゲームソフト、衛星・CATV、映像ソフト）と音楽系（音声ソフト、ラジオ）、テキスト系（新聞、雑誌、書籍など）と、ほぼ三つに分類されています。

さらに商品・サービス別の分類では、映像、音楽、ゲーケソフト、図書、新聞などの「ソフト販売」と、カラオケ、映画館、ゲームセンターなどの「施設サービス」、そして「インターネット配信」「スマホなどへのアプリケーション」などの形態に分類することができます。

日本の商品・サービスは海外での人気も高く、クールジャパン戦略の中心産業に据えられています。

映画ソフトは七八七三億円

映像系ソフトの金額ベースでは六兆九六九三億円で、内訳としては、地上テレビ番組が二兆八二六一億円、ゲームソフトが一兆六四一三億円、衛星・CATV放送が八九一〇億円。映画ソフトは七八七三億円で、コンテンツ市場全体では六・六％になっています。

このほか、ビデオソフトは四四四五億円、映像系ネットオリジナルが三三九六億円になっています。

テキスト系ソフトは四兆一二九一億円で、このうち新聞記事が一兆四八〇九億円、雑誌ソフトが九二六二億円、書籍ソフトが八二五一億円と続きます。また、音声系ソフトは七五七一億円になっています。

＊…の多様化 「メディア・ソフトの制作及び流通の実態に関する調査」報告資料（総務省 情報通信政策研究所）より。

増加傾向にあるマルチユース

二〇一八年のコンテンツ市場のうち、一次流通市場の規模は九兆一〇四七億円で、全体の約七七%を占めていますが、二次流通のマルチユース市場の規模は二兆七五一一億円で、近年、増加傾向にあります。

一次流通市場のうち、映像系ソフトは五兆二五四七億円で、地上テレビ番組が最も大きく、次いでゲームソフト、衛星・CATV放送になっています。

マルチユース市場の中では、映像系ソフトが一兆七一四九億円で六二・三%を占め、このうち映画ソフトが五六四八億円で、マルチユース市場の二〇・五%を占めて、劇場上映の収入は二三二五億円になっています。

このほか、映像系ソフトのマルチユースでは、地上テレビ番組が四六一九億円、衛星・CATV放送が四三九二億円などになっています。さらに映画ソフトは通信系コンテンツの中でも増加傾向にあります。通信系コンテンツの市場規模は三兆九九八〇億円で、このうち映像系ソフトが六二・八%を占め、映画ソフトは二九三二億円になっています。

流通経路の多様化*

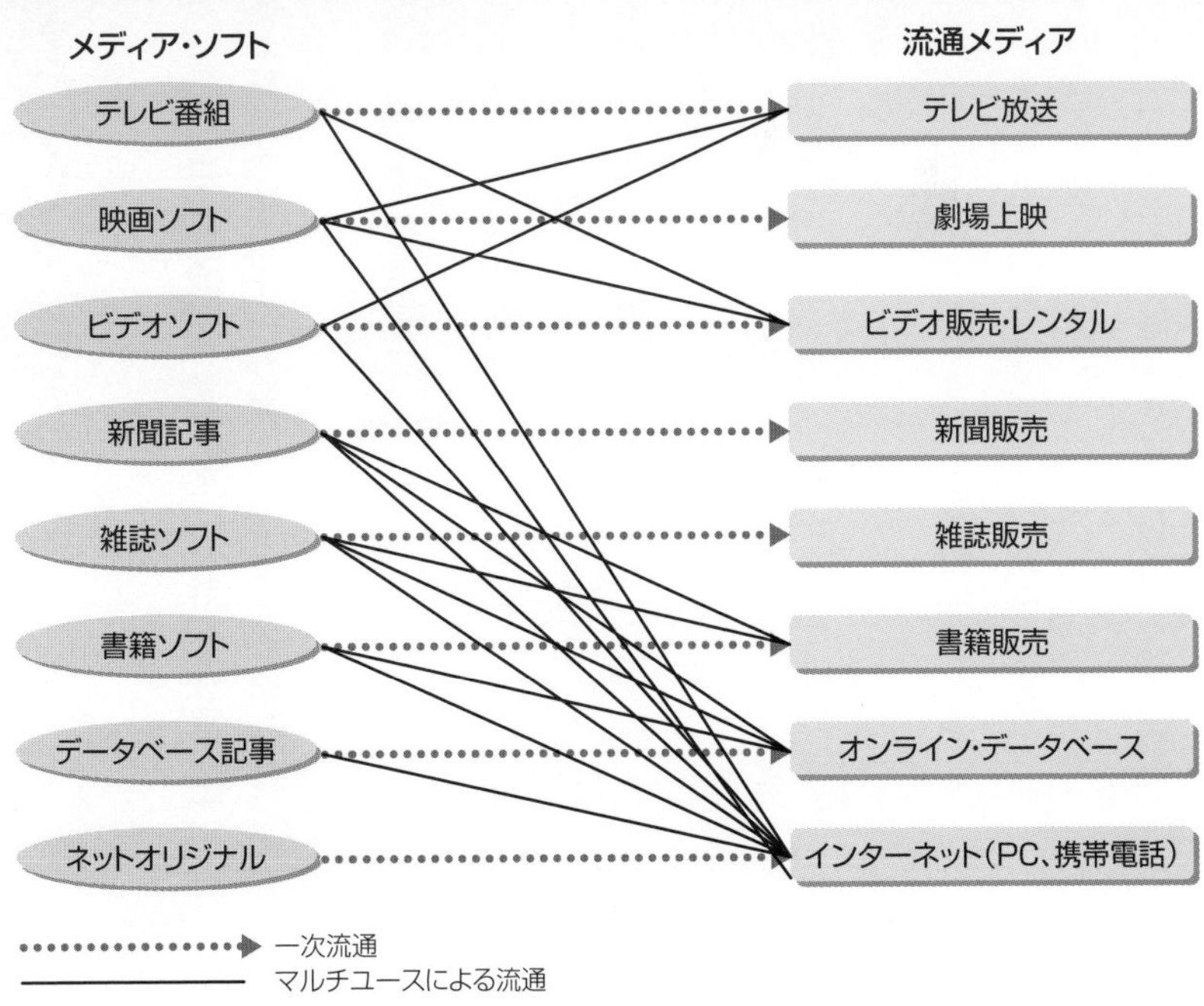

メディア・ソフト
テレビ番組
映画ソフト
ビデオソフト
新聞記事
雑誌ソフト
書籍ソフト
データベース記事
ネットオリジナル

流通メディア
テレビ放送
劇場上映
ビデオ販売・レンタル
新聞販売
雑誌販売
書籍販売
オンライン・データベース
インターネット（PC、携帯電話）

一次流通
マルチユースによる流通

3 世界のコンテンツ市場の動向

世界全体のコンテンツ市場規模は約一三〇兆円ありますが、そのうち日本が占める割合は年々減少しています。また、アジア太平洋地域は全体の約四割を占め、中国や韓国の追い上げが著しくなってきました。

コンテンツ産業の支援策

映画「ハリーポッター」シリーズのように、世界的な大ヒットを遂げる作品が毎年のように登場するなど、コンテンツ市場は現在、国境を越えて全世界に広がっています。その中で、**ハリウッド・ビジネス**という言葉に象徴されるように、アメリカは長く世界コンテンツ市場に君臨してきました。アメリカに次ぐ市場規模を誇るヨーロッパ諸国では、アメリカの巨大なコンテンツ産業から自国の文化と産業を保護することを目的に、製作や人材育成に補助金を交付するなど、熱心な支援を続けています。コンテンツについて、アメリカが純粋娯楽財と考えているのに対し、ヨーロッパでは文化財とみなすという考え方の違いもあるようです。

中国、韓国の急成長

アジア諸国においても、日本のコンテンツの流入を制限しながら、自国の文化を守ることを目的に、人材育成や投資などで国が積極的な支援活動を行っています。特に韓国では、コンテンツ産業を国家戦略として振興しています。日本でもかつて**韓流ブーム**が巻き起こり、韓国の映画・テレビのコンテンツがたくさん流入してきました。

二〇二一年上半期に上映された世界興行ランキングベストテンのうち、五作品までが中国映画で占められるなどの人気になっています。

さらに、日本とアジア諸国の間でのコンテンツ貿易もまた活発化しています。

国際資本の台頭と著作権保護の動き

コンテンツ産業の市場規模が国境を越えて拡大を続けている背景には、国際資本の動向が大きく関わっています。

映像・音楽ソフトを販売するソフトメーカーやレコード会社、映画配給と興行の分野などでは、国際資本のシェアが高まってきています。

また、日本で制作されたアニメの国内外での販売を、ディズニー作品のソフト販売を行ってきた会社が担うことになったり、アメリカのハリウッド資本が、日本国内での映画配給やシネコンでの興行に力を入れるなど、配給と興行の国際的なネットワークが築かれ、国内資本との競合も激しくなってきました。

デジタルコンテンツの普及により、二次使用での市場の拡大がある一方で、海賊版映像ソフトの世界規模での拡大など、新たな問題も発生しています。特に、著作権などの権利保護での対応は、それぞれの国での著作権解釈の違いもあって、複雑になってきました。

拡大する中国の映画産業

世界の映画市場はこれまで長い間、米国が第1位で、日本は第2位の規模を誇っていました。1位のアメリカはカナダも合わせて、2015年は110億ドルで、日本円では1兆3000億円の規模になりますが、日本はほぼ2000億円台で推移してきました。ところが最近、中国の映画市場が拡大を続け、2012年にはついに日本を抜いて世界第2位の規模となり、2014年には5000億円台半ば、2015年には8000億円を超えています。この勢いでは、いずれアメリカをも抜いて世界第1位の座に就くだろうと予測されています。

映画市場は自国の映画ファンの人口によって支えられているといわれています。これからの中国映画も米国のハリウッドに代わり、世界の映画市場に打って出る可能性が十分に高いと予測されています。

4 コロナ禍前の映画産業の構造

映画産業は、長く製作・配給・興行の三部門によって成り立ってきました。製造業にたとえれば、製作が生産で、配給が卸、興行が小売に該当しますが、最近はそれぞれの業態が大きく変化し、コロナ禍によりその形態も一変してしまいました。

企画と製作資金調達の多様化

映画産業の構造における、日本とアメリカの違いとして、メジャーと呼ばれる大手製作会社が、日本の場合には製作・配給・興行の三段階すべての経営に深く関与しているのに対して、アメリカでは興行に製作会社が関与することは少ないといわれてきました。

かつて日本の映画産業は、現在の東宝・松竹・東映の三社に日活・大映を加えた五社の激しい競争によって、発展してきました。当時は、企画や製作資金の調達も一社単独で行われました。しかし最近は、製作費の高騰や企画立案の多面化から、複数の会社が資金を提供する**製作委員会方式**が主流となってきたのです。

共同出資による製作委員会

映画化の企画では、オリジナルのほか、小説や漫画、テレビドラマ、演劇などの作品を原作にしたものが映画化されるなど、企画段階から多面化してきています。このため、原作の版権を持つテレビ局や出版社、広告代理店などが共同出資しながら、製作委員会を組織し、それに参加するケースが増えてきました。

特に最近は、企画力や宣伝力、資金力などで優位に立つテレビ局の関与が大きくなってきています。

また、商社やインターネット関連の会社が、動画コンテンツの配信事業への活用を目的に、製作委員会に参加するようになってきました。

配給・興行にも影響力が強い大手三社

日本映画製作者連盟では、一九九九年までは映画の興行収入については、配給収入で発表していましたが、翌年以降は欧米に合わせて興行収入で発表しています。興行収入は（有料入場者数）×（入場料）で、配給収入は興行収入に作品ごとに決められる配給会社の歩合を掛けたもので計算されますが、興行収入のおよそ五〇～六〇%になります。

現在、邦画の配給は、前記した東宝・松竹・東映の大手三社の配給部門、および独立系配給会社が行っています。大手三社は製作、配給、興行のすべてを兼ねていて、川上から川下までを支配する構造になっていることから、圧倒的なシェアを誇ってきました。洋画の場合には、ハリウッドメジャーの映画製作会社の系列で日本法人の配給会社や独立系洋画配給会社、邦画の大手三社の関連会社や本体の配給部門で配給事業を行っています。

興行には、邦画大手三社の直営や系列館のほか、独立系興行会社や外資系興行会社などが参入しています。

邦画の流通過程

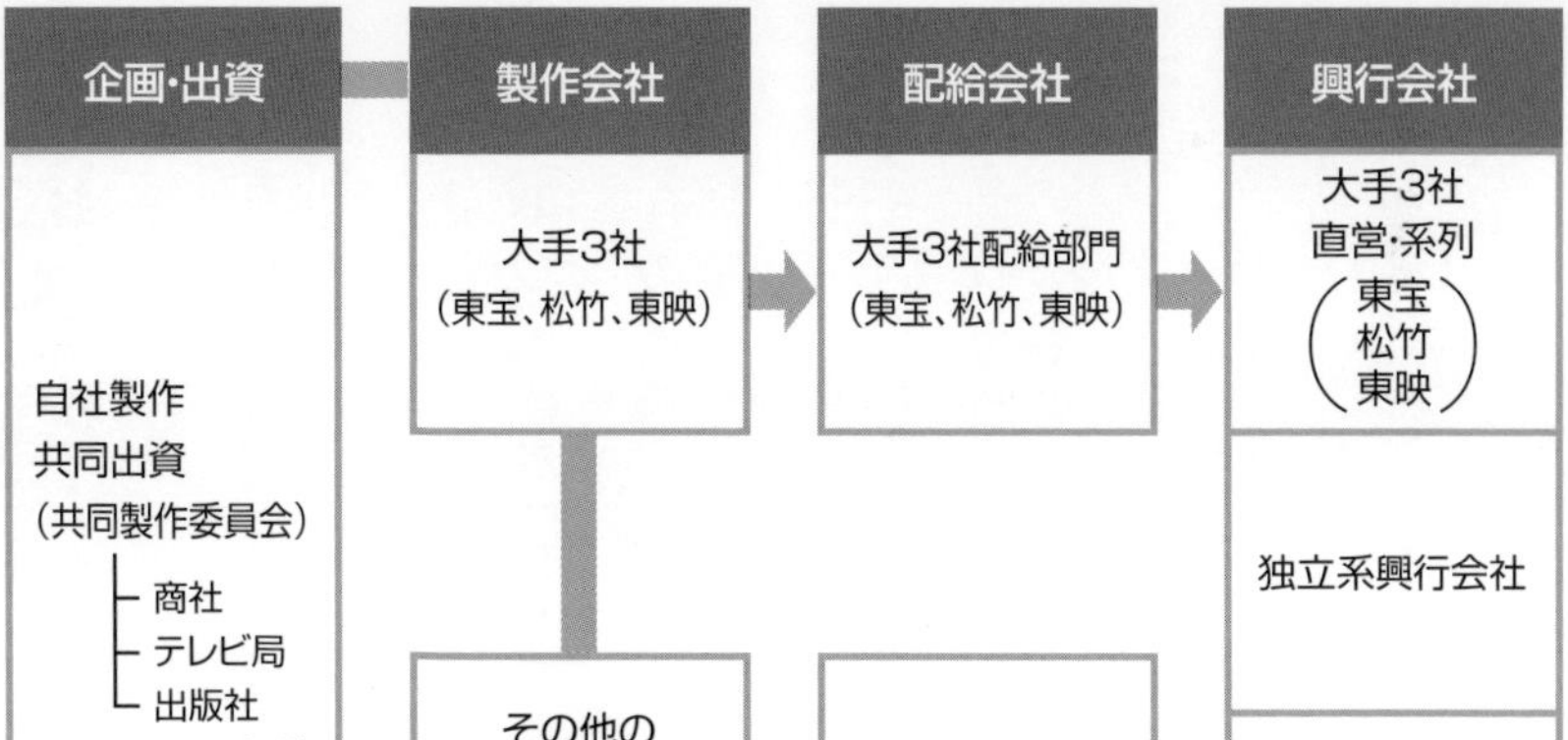

企画・出資	製作会社	配給会社	興行会社
自社製作 共同出資 （共同製作委員会） ├ 商社 ├ テレビ局 └ 出版社 など	大手3社 （東宝、松竹、東映）	大手3社配給部門 （東宝、松竹、東映）	大手3社 直営・系列 （東宝 松竹 東映）
			独立系興行会社
	その他の 映画製作会社 （映像プロダクション）	独立系配給会社	外資系興行会社 ほか

5 コロナ禍で変わった作品の傾向と客層の変化

市場全体の規模は二〇〇一年以降、コロナ禍前までは大きく変化していませんが、洋画・邦画の興行比率に変化が出てきました。邦画が好調で、洋画を上回るようになってきました。

邦画が洋画を上回る

1-1節で紹介したように、二〇二〇年の興行収入は対前年比五四・九％の一四三二億八五〇〇万円（これまでの最低は二〇〇〇年の約一七〇〇億円）で、入場人員もほぼ同率の対前年比五四・五％となる一億六一三万人まで減少しています。興行収入のうち、邦画が一〇九二億七六〇〇万円で、洋画が三四〇億九〇〇〇万円でした。また日本の映画界のヒット基準といわれる、興行収入が一〇億円以上あった作品は、邦画が二一本だったのに対して洋画は四本でした。ヒットした本数でも邦画が洋画を上回っています。ヒットした作品は、若者や女性層をターゲットとした題材になっているものが増えています。

F1層の取り込みを図る

二〇二〇年公開の「劇場版『鬼滅の刃』無限列車編」（東宝・アニプレックス）は四〇〇億円を超える大ヒットとなり、二位以下に圧倒的な差を付けていますが、コロナ禍前より、映画は**F1層**（二〇～三四歳）と呼ばれる層から支持されるようになってきました。

また、二〇一九年公開の『男はつらいよ お帰り 寅さん』（松竹）など、かつての人気シリーズもラインナップされていますが、そのほかは若者の恋愛や友情などが題材となった作品が並んでいます。ヒットした青春・恋愛映画の多くは、人気漫画や書籍を実写化した作品で、漫画・映画・音楽の三位一体のヒットが特徴になっています。

「配給」「配信」の同時公開

かつて二〇〇六年に公開された『デスノート』（デスノート製作委員会）は、原作が「週刊少年ジャンプ」（集英社）に連載された同名の漫画作品で、製作委員会を構成する主要会社に洋画メジャーのワーナー・ブラザーズと日本テレビ放送網が参加し、邦画史上初めて、前編と後編の連続上映というプロジェクトで話題になり、前編が六月に、後編は一一月に公開されました。

これまで映画とテレビは、映画公開の半年後にＤＶＤ化されて、さらに半年後にテレビ放送するということが暗黙の鉄則になっていたのに対して、『デスノート』の場合には、邦画初の二作連続公開であったため、後編が公開される直前の一〇月に前編のテレビ放映が行われました。この製作・配給戦略の成功によって、他の映画会社も同様の戦略をとる可能性が高くなったのですが、コロナ禍では動画配信サービスでの鑑賞が増え、邦画においても、映画館への配給と、動画配信サービスでのリリースが同時に行われるようになってきました。

2020（令和2）年度興収ランキング（2021年1月発表）

（単位：億円）

	公開月	作品名	興収	配給会社
邦画				
1	10月	劇場版「鬼滅の刃」無限列車編	365.5	東宝／アニプレックス
2	7月	今日から俺は!!劇場版	53.7	東宝
3	7月	コンフィデンスマンJP プリンセス編	38.4	東宝
4	8月	映画ドラえもん のび太の新恐竜	33.5	東宝
5	8月	事故物件 恐い間取り	23.4	松竹
6	8月	糸	22.7	東宝
7	9月	劇場版 ヴァイオレット・エヴァーガーデン	21.3	松竹
8	1月	カイジ ファイナルゲーム	20.6	東宝
9	8月	劇場版 Fate/stay night [Heaven's Feel] Ⅲ. spring song	19.5	アニプレックス
10	19/12月	僕のヒーローアカデミア THE MOVIE ヒーローズ：ライジング	17.9	東宝
洋画				
1	19/12月	スター・ウォーズ／スカイウォーカーの夜明け	73.2	WDS
2	1月	パラサイト 半地下の家族	47.4	ビターズ・エンド
3	9月	TENET テネット	27.3	WB
4	1月	キャッツ	13.5	東宝東和

6 マルチユース市場の拡大

1-2節で述べたように、コンテンツは一つのメディアだけでなく、多目的に多くのメディアで利用されています。特に映画コンテンツのマルチユース市場は飛躍的に拡大しています。

映画のウィンドウ方式

映像メディアの多様化に伴い、映画コンテンツはいろいろなメディアで二次使用されています。一つのソフトがある一定の順序によって次々と異なるメディア上で流通することを**ウィンドウ方式**と呼んでいますが、映画のウィンドウ方式では、映画館での興行が第一ウィンドウで、その後のビデオ（DVD*）化以降の流通が第二ウィンドウとして展開されています。

最近の配給戦略の変化として、以前は映画コンテンツが劇場公開の半年後にビデオ化され、そのまた半年後にテレビ放映があるというルールでしたが、CSやBS、地上波など多様なチャンネルやインターネットでの同時配信などが行われるようになってきました。

多岐に広がるマルチユースのメディア

映画コンテンツの第一ウィンドウでの市場規模は、興行収入から算出されますが、マルチユースの市場規模については、テレビ放送、衛星放送、CATVなどの事業者からの放映権料、ビデオソフトのセル・レンタル双方の事業者からのビデオ化権料、インターネット配信や携帯電話配信の業者からのネットワーク配信権料、そのほか放送番組やコマーシャル映像などの**ビデオクリップ***利用によるソフト使用料など多岐にわたります。前記したように最近は、インターネットでの映画配信や、デジタル衛星放送の開始、DVDプレーヤーの普及など、第二、第三のウィンドウでのメディアが拡大基調にあります。

＊**…の割合**　出典：「情報通信白書」（総務省）マルチユースの状況より。
＊**DVD**　ブルーレイディスク（BD）を含む（以下同様）。
＊**ビデオクリップ**　プロモーション・ビデオともいう。

映画館興行収入の四・八倍の市場規模

映画コンテンツのマルチユースの動向では、日本映像ソフト協会の調査によると、二〇二〇年の映像ソフトの市場規模は六八七四億円と推計され、前年比一二一・九%と大幅に増え、中でもインターネットによる有料動画配信の市場が三九七三億円と市場の半数を超える規模となり、対前年比でも一六五・三%と大幅に増加しています。ちなみに、同年の映画館興行収入は一四三二億八五百万円であったことから、映画コンテンツでのマルチユースの市場規模は第一次の映画館興行収入の四・八倍の規模になっています。

レンタルビデオの市場規模が一〇四一億円、セルビデオが一八六〇億円で、セルとレンタルを合わせた市場規模は二九〇〇億円と、三〇〇〇億円台を割り込み、代わって有料動画配信の市場が大幅な増加となっています。ポスト・コロナ社会において、5Gなどインターネット通信のインフ整備も進むことから、有料動画配信のユーザーもさらに増加し、メディアごとの市場規模も大きく変わることが予想されています。

映像ソフト市場規模の推移

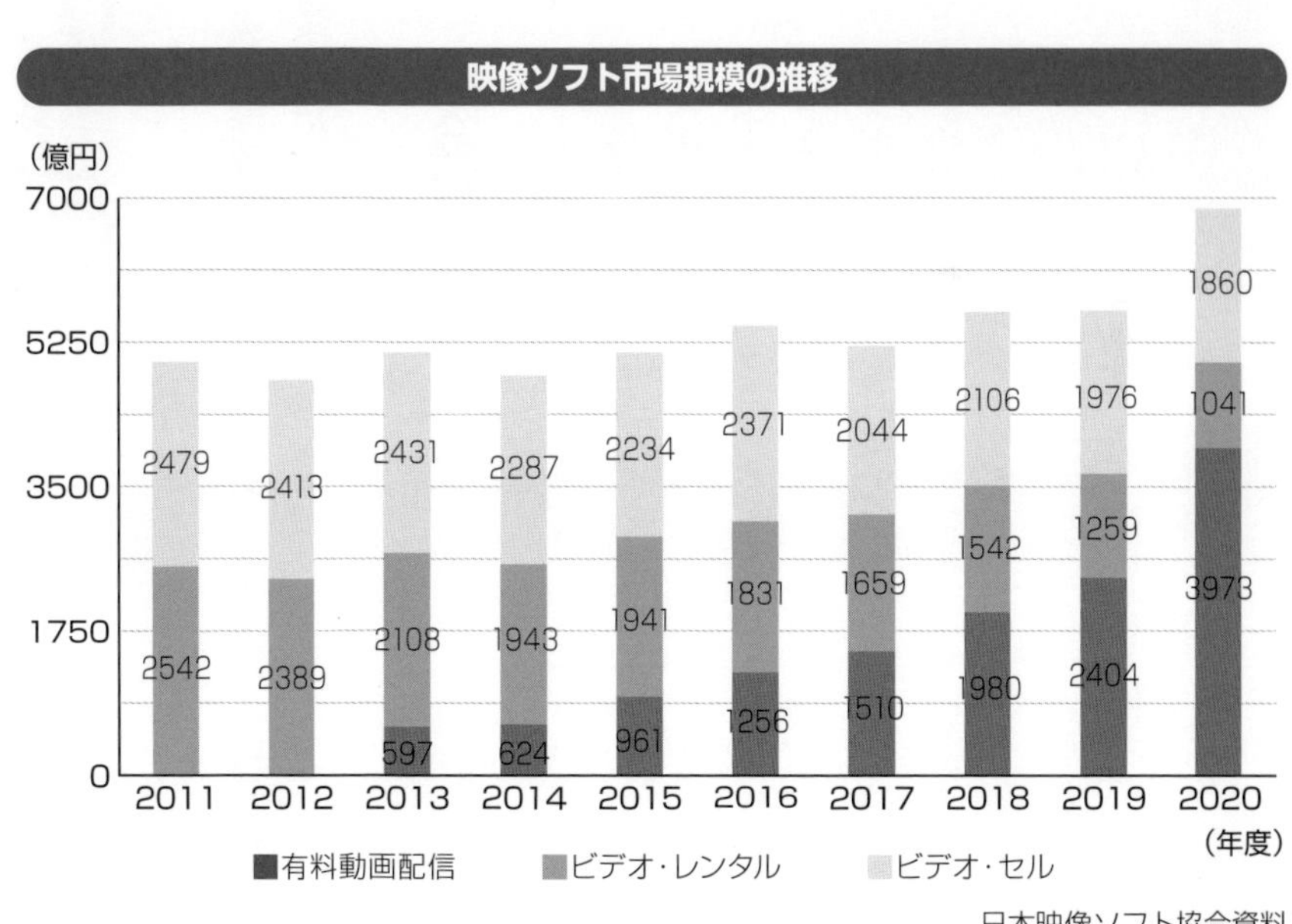

年度	有料動画配信	ビデオ・レンタル	ビデオ・セル
2011		2542	2479
2012		2389	2413
2013	597	2108	2431
2014	624	1943	2287
2015	961	1941	2234
2016	1256	1831	2371
2017	1510	1659	2044
2018	1980	1542	2106
2019	2404	1259	1976
2020	3973	1041	1860

日本映像ソフト協会資料

7 映画館、シネコンの動向

一九九〇年代以降、急速に増加しているシネコン。当初は郊外型が多かったのですが、都市部での新規オープンも盛んになり、シェア獲得争いが激化してきました。

ブロック・ブッキングとフリー・ブッキング

日本での映画興行の形態には、**ブロック・ブッキング**と**フリー・ブッキング**があります。ブロック・ブッキングは、初日と最終日があらかじめ決められた興行方法で、フリーはその反対に、初日も最終日も決まっていない興行形態です。

現在は、東宝と東映の系列映画館でブロック・ブッキングを継続していますが、松竹は撤退してフリー・ブッキングによる興行を行っています。製作も配給も独立系が増え、作品本数も増えていることから、東宝、東映や一部ピンク映画を除いたほとんどの映画館でフリー・ブッキングによる興行が行われています。

映画館の形態

興行の形態に合わせて、映画館の業態も次のように分けることができます。

①邦画系系列映画館
②拡大興行・全国チェーン
③単館、ミニシアター
④シネコン（シネマコンプレックス）

①の邦画系系列館としては、東宝系と東映系があります。②の拡大興行とは、**チェーン・マスター**と呼ばれるメインの劇場とそのチェーンの映画館で、東宝系と松竹・東急系に分かれています。③の単館、ミニシアターは、独立系の作品を中心に、独特の番組で拡大興行チェーンやシネコンに対抗しています。

三〇〇〇館を超すスクリーン数

　二〇二〇年のスクリーン数は三六一六で、前年より三三だけ増加しています。このうちシネコンのスクリーンが三二九二で、全体の八八・三%を占めています。シネコンも一般の映画館も増加傾向になってきていますが、3D映像対応の映画館も増えてきています。

　日本初のシネコンは、その形状から、一九九三年にオープンしたワーナー・マイカル・シネマズ海老名(神奈川県)とされていますが、事実上は一九八〇年にオープンした小牧コロナ館(愛知県)であるともいわれています。その後、一九九七年頃から、外資系を中心にシネコンは急速に増加し、全国各地に広がりましたが、最近は、日本の企業による外資系の吸収合併など、再編も活発化してきました。

　シネコンの最大の特徴はスクリーンの多さです。一つの建物の中に五以上のスクリーンがありますが、現在、スクリーン数が最も多いのが、豊橋市ホリデイスクエア内の「ユナイテッド・シネマ豊橋18」で、名前のとおり一八スクリーンを有しています。

シネコン

▼札幌シネマフロンティア

▼新宿バルト９

シネコンの魅力

スクリーンが多いということは、当然、同時に複数の映画を上映できるということです。

シネコンは番組編成を柔軟に行うことができるため、多くの映画ファンの多様な好みに応じることができるのです。男性、女性、大人、子どもなど、あらゆる観客層に対応した映画があり、提供された多くの作品から選ぶことができる――それがシネコン人気の最大のポイントになっています。

音響設備や映写機は最新のものを導入し、最高の条件で映画を上映できるよう整えられていますし、観客用の座席もゆったりとして、長時間、映画に集中できます。また、ロビーや売店が広く、開放的でゆったりした空間になっていること、スタッフの明るい接客態度も人をひきつける要因になっています。

さらに、レディースデーやカップルデー、レイトショー割引を実施し、多くの観客を呼び寄せる工夫を凝らしているところも多くなっています。

外資系から国内資本系へ

日本で最も多くの劇場を有するのはワーナー・マイカル・シネマズで、現在、五五サイト四四三スクリーンを運営しています。次いで、東宝系のＴＯＨＯシネマズ、松竹系のＭＯＶＩＸ、住友商事傘下のユナイテッド・シネマ、東急レクリエーション系の一〇九シネマズ、独立系のコロナワールド、同じく独立系のシネマサンシャイン、東映系のＴ・ＪＯＹ、角川映画系のシネプレックス、流通系のイオンシネマなどがあります。

日本への導入期には多くの外資系シネコンが存在していましたが、その後、日本からの撤退が目立ち、国内企業への売却などが活発に行われるようになってきました。同じ頃、東宝をはじめ松竹、東映、角川映画などが独自にシネコンのチェーン展開を始めたり、住友商事、三井物産、イオンといった商社や流通業界からの参入が相次ぎました。

さらに、シネコンは都心部のみならず、地方においても積極的に展開され、映画館やシネコンの**オーバーストア**＊が懸念され始めています。

＊オーバーストア　店舗が多すぎて過当競争に陥っている状態。

都道府県別 映画・シネコン スクリーン数（2020〈令和2〉年12月末現在）

都道府県	スクリーン数			デジタル設備	うち3D
	合計	一般館	シネコン		
全国	3,616	424	3,192	3,555	1,209
東京	410	78	332	403	140
神奈川	221	16	205	218	82
千葉	220	6	214	219	68
埼玉	209	5	204	209	73
群馬	52	5	47	51	15
栃木	65	5	60	65	20
茨城	91	7	84	90	28
新潟	62	1	61	62	24
長野	71	18	53	70	25
山梨	13	4	9	12	4
静岡	106	5	101	104	38
福島	32	14	18	32	14
宮城	66	6	60	66	24
岩手	23	9	14	23	10
青森	44	6	38	41	15
秋田	17	4	13	17	5
山形	52	0	52	52	19
愛知	269	18	251	264	82
岐阜	56	6	50	54	15
富山	27	1	26	27	8
石川	60	1	59	60	22
福井	27	10	17	27	10
三重	63	4	59	60	20

都道府県	スクリーン数			デジタル設備	うち3D
	合計	一般館	シネコン		
大阪	217	19	198	209	72
京都	84	20	64	82	25
兵庫	121	28	93	117	46
滋賀	38	4	34	38	15
奈良	34	0	34	34	14
和歌山	30	10	20	30	8
岡山	38	7	31	38	13
広島	79	11	68	79	27
鳥取	11	5	6	11	4
島根	15	0	15	15	7
山口	31	2	29	30	8
徳島	19	2	17	19	10
香川	26	3	23	24	10
愛媛	53	3	50	52	16
高知	10	1	9	10	3
福岡	177	19	158	173	56
佐賀	21	3	18	21	5
長崎	25	1	24	25	10
熊本	58	5	53	57	18
大分	44	6	38	40	11
宮崎	25	9	16	24	6
鹿児島	39	3	36	39	14
北海道	112	25	87	110	37
沖縄	53	9	44	52	13

8 潜在的な映画ファンの力

コロナ禍が続く中、「ミニシアター・エイド基金」というクラウドファンディングが立ち上がり、ミニシアターへの支援として、目標の一億円をはるかに超える三億円余を集め、ミニシアターに集まる潜在的な映画ファンの力を見せてくれました。

固定的ファンの多いミニシアター

ミニシアターとは、ロードショーなどのブロック・ブッキング・システム（事前に決められた作品を同系列のすべての映画館で一定期間上映する方式）をとらない、独立した形態の映画館のことで、「単館系」とか「独立系」とも呼ばれることがあります。

ミニシアターでは、独自の判断基準で上映作品を選ぶことから、映画館によって好みや特徴が現れるのが好まれ、映画館自体に固定ファンが付くことが多くなっています。カフェなどを併設したり、映画関係の出版物を出すなど、各館とも独自のコミュニティ・マーケティングを展開しています。

目標の一億円を最初の三日で達成

ミニシアター・エイド基金は、新型コロナウイルスの感染拡大による緊急事態宣言が発令され、政府からの外出自粛要請が続く中、閉館の危機にさらされている全国の小規模映画館「ミニシアター」を守るため、映画監督らが発起人となって有志で立ち上げたプロジェクトです。プラットフォームとして使われた「モーションギャラリー」は、クラウドファンディングの比較サイトなどにおいても「映画」案件に強みのあるプラットフォームで、映画ファンにもなじみがあることから、ミニシアター・エイド基金についても立ち上げ三日弱で一億円を集めています。

映画配給会社への支援

映画産業への支援では、映画館や映画製作者への支援だけでなく、配給会社への支援も行われています。

特に、事業規模の小さい独立系配給会社が厳しい状況に置かれていることから、「**Help! The 映画配給会社プロジェクト**」を立ち上げ、その緊急アクションとして「配給会社別・見放題配信パック」をスタートさせています。自社配給の過去作品を見放題パックとしてオンライン配信するもので、「アップリンク」が運営するオンラインの映画館「アップリンク・クラウド」で、見放題パックに寄付金込みのコースを付けた支援が行われています。

このほか、協同組合ジャパン・スローシネマ・ネットワーク（JSN）への支援活動も行われました。スローシネマは、市町村や地域単位で上映実行委員会を立ち上げ、時間をかけながら全国各地のホールや公共施設で上映会を行い、その上映を通じて「地域コミュニティの再生」を願おうとする上映運動で、コロナ禍で中断されていた、映画の上映会が再開されました。

主な映画業界支援

SAVE the CINEMA
全国ミニシアターを救うための緊急支援策。
ミニシアター・エイド基金
深田晃司監督や濱口竜介監督が展開したミニシアター支援のクラウドファンディング。
仮設の映画館
期間限定で新作映画をデジタル配信する仮設の映画館。
CINEMA DISCOVERIES
国内のインディペンデント映画を中心に、撮影秘話なども鑑賞できる動画配信サービス。
ドライブインシアター2020
コロナ禍のいまだからこそのドライブインシアター復活支援のクラウドファンディング。
リモート映画祭　各種
これまで劇場公開型だった地方の映画祭をリモート開催して発表の機会を提供。

950億円の被害　違法なファスト映画の配信

著作権者に無断で、映画の内容を10分ほどに編集して動画サイトに投稿する、**ファスト映画**と呼ばれる違法サイトの被害が広がっています。

背景として、インターネット動画配信サービスの拡大と「定額見放題サービス」の人気があるようです。

「コンテンツ海外流通促進機構」(CODA)の調査によれば、2020年7月からの1年間に少なくとも55のアカウントから約2100本の「ファスト映画」が投稿され、2021年6月14日時点での総再生数は約4億7700万回あり、その被害総額は956億円に上ると推計されています。

警察でも著作権法違反の疑いで捜査をはじめ、著作権者に無断で編集したファスト映画をYouTubeに投稿したという容疑者が逮捕されています。この事件では、作成したファスト映画は100本を超え、再生回数に応じて得られる広告収入は少なくとも450万円あったとされています。

できるだけ短時間で映画やテレビ番組を視聴したいという、いわゆる**倍速視聴**の需要は世界中で一定数あり、YouTubeや米Netflix、民放テレビ局が運営する「TVer」(ティーバー)などが配信する動画でも、視聴速度を1〜2倍前後まで調整できる機能が実装され、インターネット動画配信の利用者の約3割、20代では5割近くが「倍速視聴の経験がある」とアンケートで回答しています。さらに、全体の約2割の利用者が倍速視聴について、「隙間時間を活用し、効率よくたくさんの動画を視聴できるから」と肯定的です。

映画館での盗撮や違法な動画配信については2020年10月からの法改正で罰則が厳しくなっていますが、巧妙な手口での違法配信は跡を絶ちません。若い世代への著作権教育が必要になってきています。

映画産業のDX

デジタルトランスフォーメーション(DX)は、社会経済全体でのデジタル化に対応するため、ビジネスモデルや組織・文化・制度といった経済活動そのものを変革していく取り組みですが、映画産業においては比較的早くからデジタル化が進んできました。

日本映画製作者連盟の統計によれば、2020年12月時点で全国のスクリーン数は3616あり、このうちデジタル設備が整っているのは3555で、全体の98%を占めています。また、3D対応は1209で、全体の33%になっています。

富士フイルムは2013年に撮影用・映画上映用フィルムの生産を終了し、劇場用プロジェクターもほとんどが4Kタイプとなり、撮影機材もデジタル対応になっています。

1

デジタルシネマの歴史

映画産業はこれまで、「フィルム産業」と呼ばれるほど、撮影から上映までのすべての工程において、フィルムが媒介してきました。しかし、二〇〇〇年代に入り、そのフィルムに代わりデジタルのデータがすべての工程を媒介するようになってきました。

デジタルシネマの登場

デジタルシネマへの転換は早く、二〇〇二年公開のアメリカ映画「スター・ウォーズ エピソード2」で史上初めて長編映画での完全デジタル撮影が行われました。デジタルビデオカメラを使って撮影され、編集もデジタル機器で行われました。当初、この映画の製作総指揮にあたったジョージ・ルーカス監督は、上映でも強くデジタル上映を希望しましたが、当時はまだデジタル上映設備の普及が不十分であったことから、デジタルマスターを作成したのちにフィルムに変換して上映されました。しかし、この作品をきっかけに、デジタル上映に向けた技術開発も急ピッチで進んだのです。

デジタル化のメリット

フィルムによる映画製作と比較してデジタル化では、撮影・編集時間の短縮によるコストの低減が実現しました。フィルムのような、撮影後にネガ現像して編集して、という工程が省かれ、現場で画像の即時確認ができるために、フィルム購入や現像費の削減だけでなく、撮り直し時間の削減や合成・加工の簡略化から、長期間、大規模なロケ隊を編成する必要も少なく、またスタジオ撮影においても、スタッフ・キャストの拘束時間が削減され、スタジオ使用、セット・機材などの借用期間の短縮なども図られ、製作費の大幅なコストダウンが可能になったのです。

＊**デジタルシネマパッケージ**　フィルム上映に代わり世界中の映画館で利用されている、デジタルデータで構成された上映方式。

配給・興行段階におけるデジタル化

デジタル製作の工程では、デジタル撮影されたデータをダビングしてオフライン編集にかけて、画質調整やCGによる画像合成などを行い、デジタルマスターが作られます。かつてはこれをフィルムに変換して配給していましたが、現在ではほぼすべての劇場上映が、**デジタルシネマパッケージ**＊（**DCP**）による配信方法となっています。

日本でもデジタル映写機は、二〇〇二年頃から販売が開始されていましたが、機器が非常に高額であることや、まだデジタル作品があまりリリースされていないこと、そしてデジタルシネマの規格が統一されていないこともあり、一部のシネマチェーンでの採用にとどまっていました。しかし二〇〇五年、当時のアメリカ七大メジャースタジオが、デジタルシネマの映写および配給に関する技術仕様を制定することを目的に、**デジタル・シネマ・イニシアティブ**（**DCI**）を設立し、それが事実上の国際標準となり、世界の映画産業に大きなインパクトを与えました。

フィルム映画とデジタル映画の違い

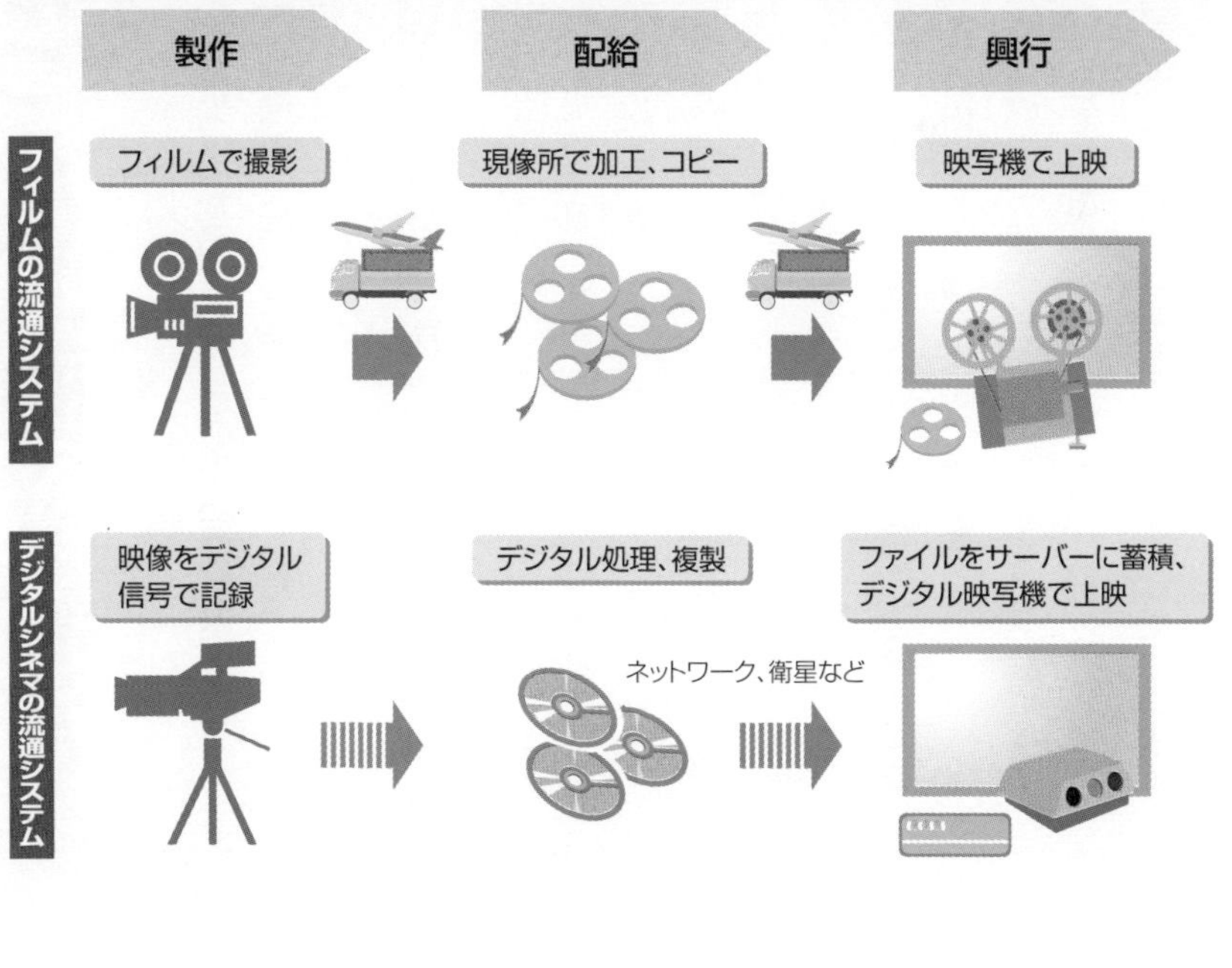

製作　配給　興行

フィルムの流通システム
フィルムで撮影
現像所で加工、コピー
映写機で上映

デジタルシネマの流通システム
映像をデジタル信号で記録
デジタル処理、複製
ネットワーク、衛星など
ファイルをサーバーに蓄積、デジタル映写機で上映

2 デジタルシネマで変わった映画館経営

前節で紹介したように、DCI仕様とそのビジネスモデルが決まってから、アメリカの大手映画館チェーンは揃(そろ)ってデジタルシネマの導入を進め、さらに3D(三次元)映像の上映も可能になりました。

導入が進まなかった日本

二〇〇六年頃、日本国内でデジタル映写に対応可能な映画館は、五〇館・七六スクリーン(デジタルコンテンツ協会調べ)で、全体の三%前後しかありませんでした。その要因として、デジタル映写機の価格が、通常のフィルム映写機の三倍以上であったことや、映画館への入場客数が減少傾向にあり、新たな設備投資には慎重になっていたことがあります。また当時は、デジタルシネマの配給作品が少ないこともありました。

しかし、デジタルシネマが世界の潮流となっていることから、国内メーカーが低価格帯のデジタル映写機の開発を進め、映画会社においても、デジタルシネマ作品の製作に力を入れるようになりました。

劇場の多目的活用

映画館におけるデジタル化には、興行コストの低減のほか、劇場の多目的活用による事業の拡大という効果が期待されました。

アメリカでは、デジタルシネアドが急速に普及し、高画質とデジタル配信の手軽さから、スクリーン広告の媒体価値が高まりました。

さらに、デジタル技術を利用した劇場の、映画以外の新しい活用方法として、スポーツ中継やコンサート、歌舞伎、演劇など、新しいコンテンツによる興行形態も生まれてきました。松竹では、「シネマ歌舞伎」として、デジタルビデオカメラで撮影した歌舞伎の舞台公演を映画館で上映し、多くの観客を動員しています。

デジタル3Dシネマの取り組み

日本市場におけるデジタルシネマに対する積極的な投資は、3Dブームによって始まりました。

3D映像に対する試みはかなり以前から行われ、万国博覧会などのパビリオンでは大人気となり、その後の実用化が期待されていました。しかし、長編の劇場用コンテンツが少なかったことから、一般化されませんでした。

二〇〇五年にアメリカで、リアルD社の3D方式で上映された『チキン・リトル』が大ヒットを記録し、その後日本でも、ブエナ・ビスタ・インターナショナル・ジャパンによって、同作品の3D上映が国内の映画館で行われ、人気を集めました。さらに、ディズニーでも独自のデジタル3Dシステムを導入したことから、日本でも映画館のデジタル化促進プログラムの展開が本格化しました。

フィルムからデジタルへの移行により、映写関連の人件費削減が実現するなど、国内の映写環境の変化は映画館に新しいビジネスモデルを生み出しました。

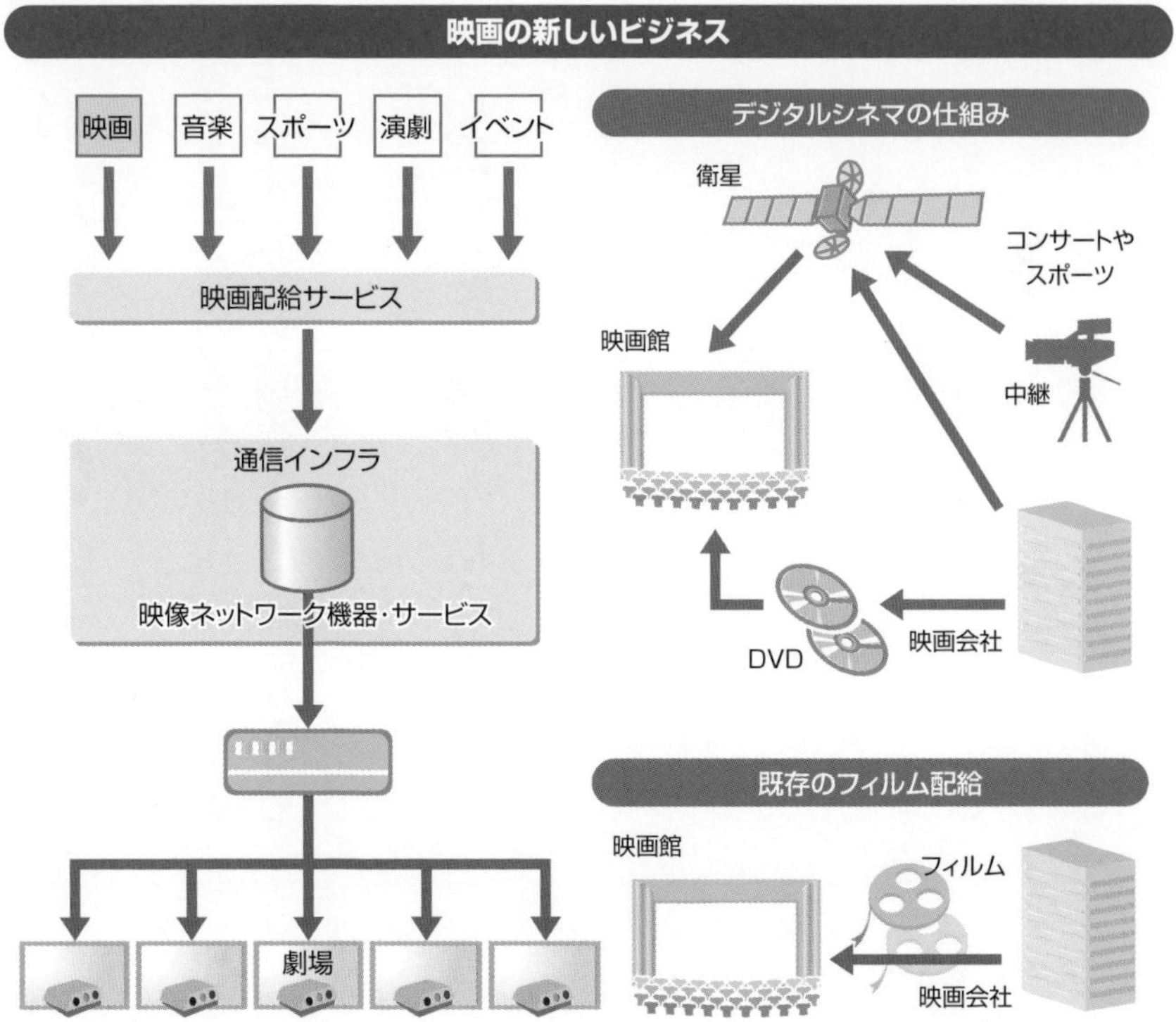

映画の新しいビジネス

映画
音楽
スポーツ
演劇
イベント
映画配給サービス
通信インフラ
映像ネットワーク機器・サービス
劇場

デジタルシネマの仕組み

衛星
コンサートやスポーツ
中継
映画館
DVD
映画会社

既存のフィルム配給

映画館
フィルム
映画会社

3 進化を続けるデジタル技術の歴史

3Dに続いて登場したのが4Dで、上映中のシーンに合わせて、シートが前後左右に動いたり、寒暖や香り、煙などの感覚を体感できる映画が上映されるようになってきました。日本国内では4DXとMX4Dの二種類の4D映画があります。

4DXとMX4D

4DXは、韓国のCJ 4DPLEX社が開発した劇場上映システムで、初めて日本の導入されたのは二〇一三年五月、名古屋にある「中川コロナシネマワールド」で上映されました。

MX4DはアメリカのMediaMation社が開発し、日本では、二〇一五年四月一〇日にオープンした「TOHOシネマズ ららぽーと富士見」での展開が最初となりました。体感効果ではMX4Dの方が一一種類と4DXより多くなっていますが、実際に導入している日本国内の4D映画館の中では、4DXを導入している映画館の方が多くなっています。

臨場感ある映画体験 IMAX

IMAXはカナダのアイマックス社が開発した映写システムです。映像を通常より大きなサイズで上映できる仕組みで、音響も六つのスピーカーを使い、極めて精巧なチューニングでリアルな音響が体感できました。

一九七〇年に大阪で開催された日本万国博覧会の「富士グループ」のパビリオンで上映されたのが最初だといわれています。当時はデジタルではなくフィルム方式によるものでした。かつて、日本各地にあったIMAXシアターは「IMAXデジタル」と呼ばれるデジタル版対応のシアターで、縦に広い映像を映し出せることから、迫力ある映画が楽しめるものでした。

＊…の原理　資料・写真提供：クリスティ・デジタル・システムズ。

ULTIRA(ウルティラ)

ＩＭＡＸに対抗するかのように登場した、大画面と高音質の新しい映画館としてULTIRA（ウルティラ）があります。このシステムは、ワーナー・マイカル・シネマズ大高（現イオンシネマ大高）から導入されたイオンシネマの独自規格となっていました。

スクリーンは一八ｍから二〇ｍほどの特大のもので、高さは天井まで迫り、左右もいっぱいに広がり、特別仕様の専用シルバー・スクリーンになっています。

映像も明るく鮮明で、映像美と臨場感を売り物にした劇場でした。

スピーカーはＪＢＬ社製のハイパワードスクリーンアレイスピーカーをメインとして採用していますが、ＪＢＬシネマ用スピーカーとしては現状の最高グレードの機材になっています。高域、中高域、中低域、低域とそれぞれを分割出力して再生するシステムで、立体音響を可能にしています。専門家の比較では、ＩＭＡＸが迫力を重視しているのに対し、ＵＬＴＩＲＡは繊細さとクリアさを売りにしているといわれています。

特殊円偏光方式の原理*

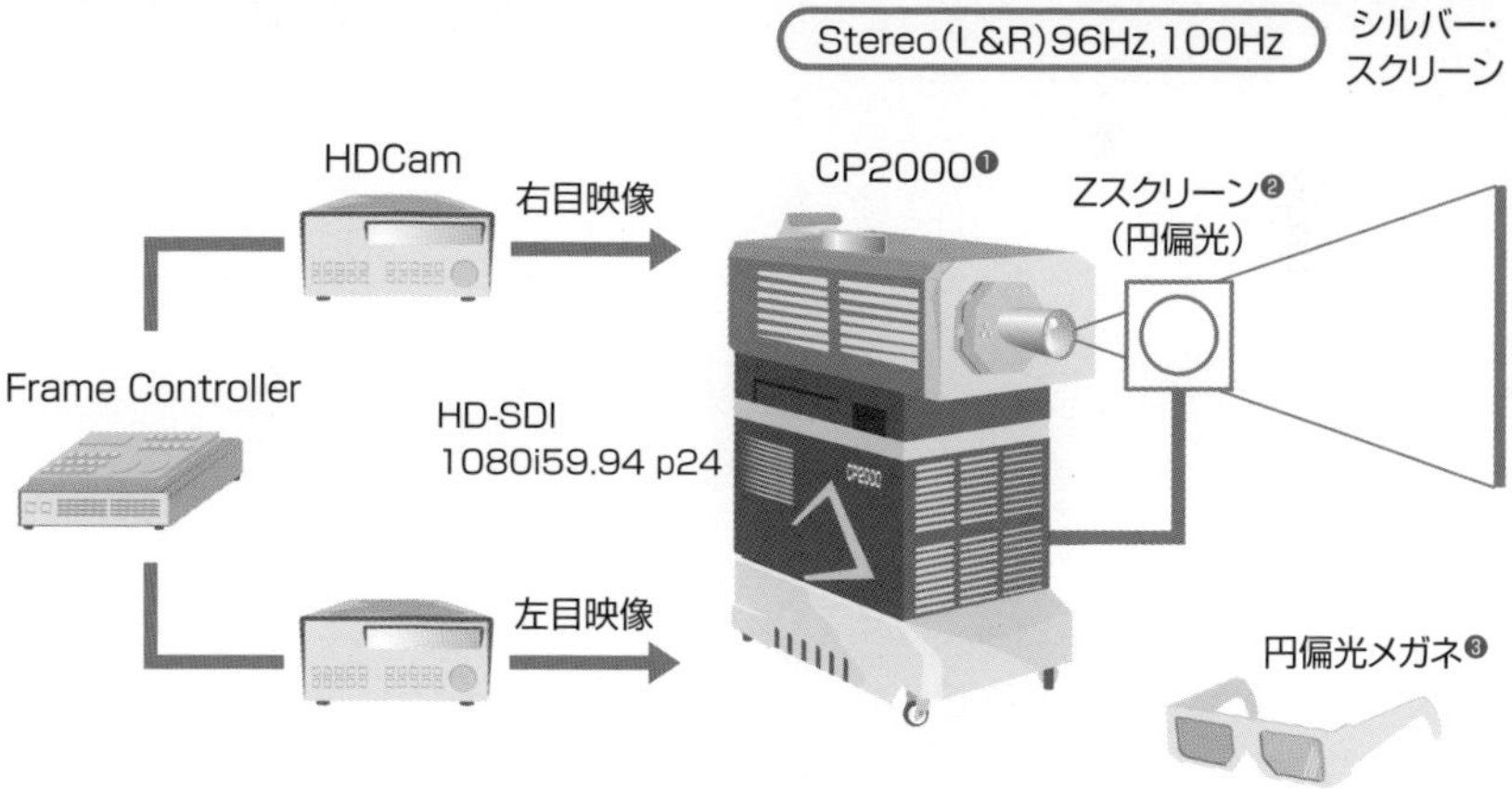

❶CP2000本体内部でL&R信号を時分割処理して映像を投影する。
❷レンズ面に装着した「Zスクリーン」（円偏光フィルター）がL、Rの映像信号に同期を合わせてフィルターを「時計回り」と「反時計回り」に高速で回転させる。
❸円偏光メガネで立体視を行う（例:右目に「時計回り円偏光フィルター」、左目に「反時計回り円偏光フィルター」を装着）。

4

VR映画館の登場

ソニー・インタラクティブエンタテインメントの「PlayStation VR」(PS VR)が発売されたり、高性能のVR用ヘッドマウントディスプレーも登場するなど、二〇一六年は「VR(仮想現実)元年」と呼ばれていました。

VR映画館

二〇一六年三月にはオランダのアムステルダムで、世界初となる**VR映画館**が公開されました。この映画館は、従来のようにスクリーンを観るのではなく、VR機器を装着して、回る椅子に座って観る仕かけで、上映作品も一〇分程度の短編映画でした。映画館というよりはテーマパークのアトラクションのような劇場ですが、同様の施設はドイツのベルリンをはじめ、ロンドン、バルセロナ、パリなどヨーロッパ各地でも公開され、話題となりました。さらに、海外企業ではカナダのIMAX社が、VR映画をはじめとするVRコンテンツの体験スペースを、アメリカなどで開設しています。

IMAX VRの撤退

2-3節で紹介したIMAX社が最初にVR体験施設をオープンしたのは二〇一七年一月で、最初は、VR体験を通して「新しいインタラクティブな体験を創造する」ことを目標としていました。世界の複数の都市で施設の建設を行い、欧米ではニューヨーク、ロサンゼルス、トロント、マンチェスターの四拠点、アジアではバンコクと上海の二拠点でした。

しかし、実際に体験できるコンテンツは家庭用のVRヘッドセット向けに配信されているものが中心だったことから、差別化できず、二〇一八年六月に最初の拠点だったニューヨークの一部施設を閉鎖し、中国・上海の拠点も閉鎖しました。

映画館でＶＲ！

日本では、ＶＡＩＯ、東映、クラフターが二〇一八年七月に東京・新宿バルト9で、日本初となるＶＲ映画の映画館上映「映画館でＶＲ！」を始めています。その後、二〇一九年から新宿バルト9ではＶＲの常設設備を設置しています。

この「映画館でＶＲ！」の特徴としては「多人数同時鑑賞」と「低コスト」、「運用しやすいシステム」の三つがあげられています。

提供されたスタンドアローンＶＲヘッドセットを装着して鑑賞する仕組みで、映画館の本格的な音響スピーカーに加え、他者の歓声や悲鳴がＶＲ映像への没入感を高めるというものになっています。ハードウェア性能とコンテンツ品質のバランスを調整し、相互技術連携で無線ネットワークを使用した多人数同時鑑賞を実現しています。作品としては、ＶＲと親和性の高いアニメーションコンテンツが制作されました。また、映画以外での活用を目指し、イベント開催の促進など、様々な取り組みを続けています。

コロナ禍で人気となったVRアプリ

コロナ禍の中、VR空間内の大画面で映像を楽しめるソーシャルVRアプリ「Bigscreen Beta」が、人気となりました。

これは、VR空間に仮想デスクトップ画面をストリーミングできるというアプリで、遅延も少なく高画質なストリーミングを実現しているため、映画を見たり、ゲームをしたりといった用途で使われています。

最近は、ドライブシアター風の「会場」など、様々な新要素が実装されています。

5 劇場音響の新技術

映画館の新しい技術は映像だけではありません。音響においても、臨場感あふれる音を売り物とするための新しい技術が開発されています。

映画館音響の歴史

映像と音声が同期して再生される映画のことを**トーキー映画**（**発声映画**）と呼んでいます。そのトーキーが初めて上映されたのは一九〇〇年のことです。その後一九二三年四月にニューヨークで上映された短編映画がトーキーの始まりとされています。そのときの音響はもちろんモノラルで、スクリーン裏の中央に、スピーカーが一基だけ設置されていました。

その後、左右二つのスピーカーが加わり、音に広がりが出るようになりました。サラウンド技術も導入されましたが、初期のドルビーサラウンドはモノラルで、サラウンドスピーカーからは、すべて同じ音が出ていました。

ドルビーデジタルサラウンド

その後の映画音響の進化はめざましく、音の動きを、左から後ろ、右の後ろから右手前など、細かく制御できるようになり、また精密かつ正確に音が動くようになってきました。現在の最新音響は、**ドルビーアトモス**と呼ばれ、最大六四個の独立したスピーカーからデジタルサラウンドを再生することが可能になりました。また、スピーカー設備では、頭上のオーバーヘッドスピーカーをはじめ複数のスピーカーを増設することで、映画館内のどの位置でも音を精密に定位または移動させられるようになり、自由な音の動きや自然な音響の再現が可能となりました。

次世代音響システム

「シネマサンシャイン平和島」では、先に解説した「ドルビーアトモス」と「imm sound」を兼ね備えた最新音響シアター「アメイジング・サウンドシアター」を採用しています。

ドルビーアトモスは、客席を取り囲むように配置されたスピーカーにより自然でリアルな音場を体感できるものですが、**imm sound**も、前後左右、スクリーンや天井にスピーカーを設置し、観客を包み込むような音響を実現しています。imm soundは、スペインのimm sound社が開発した次世代型音響システムで、3D映画に対応した三次元サウンドスケープを忠実に再現しています。このシステムでは、観客を取り囲むように天井を含む劇場全体にスピーカーを配置しています。

ネーミングの由来はimmersive(没入型の、夢中にさせる)という英単語で、その名のように、リアリティーを「音」で再現するというコンセプトになっています。

ドルビーの技術と代表作

年	新技術	代表作
1971	ドルビーAタイプ ノイズリダクション	「時計じかけのオレンジ」
1975	ドルビーステレオ 光学サラウンドトラック（前3ch）	「リストマニア」
1976	ドルビーステレオ 光学サラウンドトラック	「スター誕生」
1977	ドルビーステレオ	「スター・ウォーズ」
1992	ドルビーデジタル （ディスクリート5.1ch）	「バットマン リターンズ」
1999	ドルビーデジタルサラウンドEX （マトリックス6.1ch）	「スター・ウォーズ エピソード1」
2010	ドルビーサラウンド7.1 （ディスクリート7.1ch）	「トイ・ストーリー3」
2012	ドルビーアトモス	「メリダとおそろしの森」

6 インターネット映画配信の歴史

コロナ禍の影響を受け、有料映画配信サービスの利用率が急伸していますが、先行するアメリカに続いて、日本でもインターネットを使った映画配信ビジネスが活発化してきました。映画会社と配給会社はネット配信を新たな配給方法として取り組みを強化しています。

映画会社による映画配信サイト

日本での映画配信の歴史は古く、松竹では二〇〇六年一二月に映画配信ポータルサイト「シネリエ」を開設して、インターネットによる映画配信事業を開始しています。その後、プラットフォームの増加に合わせて、松竹が保有している映画作品の配信を増やしてきました。

松竹の最初の方式は、WMVという形式の動画ファイルを提携パートナーのサイトを通じて配信し、視聴するにはサイトにユーザー登録する仕組みで、「今月のオススメ」「美人物語」「名作選」「時代劇特集」などのジャンルに分けて、毎月第四金曜日に五〜一〇本ずつ追加する方式で配信していました。

インターネット無料番組配信サービス

同じ二〇〇六年一二月には、インターネット無料番組配信サービスの「GyaO」(現在の「GYAO!」)を運営していたUSENが、米国の大手映画・番組配給会社の「ブエナビスタ・インターナショナル」との間で、劇場映画のインターネット配信のライセンス契約を締結しました。同社はウォルト・ディズニーグループの配給会社で、ディズニーの人気アニメーションを多数保有しています。USENは、ユーザーに人気の高いコンテンツの劇場映画を大幅に強化することによって、「GyaO」の利用者数と利用頻度の向上、広告収入の拡大を目指していました。

P2Pによる新しい映像配信

二〇〇七年二月に、角川グループホールディングス（角川GHD、現KADOKAWA）が、P2P（ピア・ツー・ピア）を利用した有料のインターネット映画配信サービスを開始しています。

P2Pは、インターネットによるファイル交換システムで、個人データや機密データが流出したり、映像・音楽・ソフトウェアなどのいわゆる海賊版が個人間で違法に流通したりする温床になっている技術として話題になったこともあります。

P2Pによるシステムは、一九九九年に発表された「Napster」が先駆けで、インターネットを通じて個人間で音楽データの交換ができるシステムとして、PCユーザーの間では、爆発的な人気になりました。

その後、日本でも、「WinMX」が普及し、違法なコンテンツの流通が社会的な問題となり、開発者が逮捕されるという騒ぎになりました。しかし、角川グループが導入したシステムは、P2P技術を利用した新しいファイル交換ソフトを活用したものでした。

映画の流通形態と流通時期*

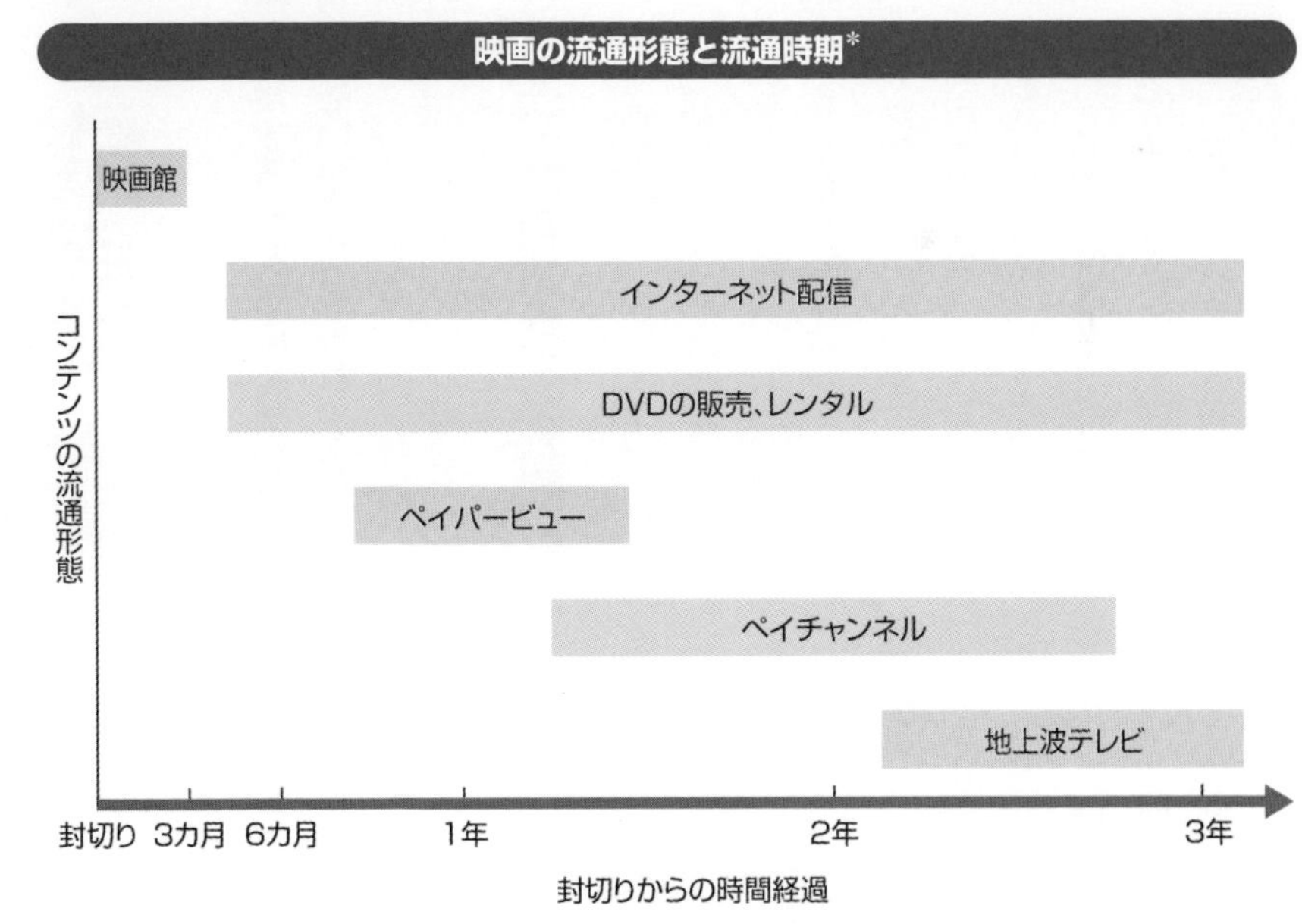

＊…と流通時期　「コンテンツ・プロデュース機能の基盤強化に関する調査研究」（経済産業省）を参考に作成。

7 スマホの普及による成長

二〇〇〇年以降、光ファイバー回線が徐々に各家庭に普及するとともに、個人の端末ではスマートフォンやタブレットが普及し、自分の好きなコンテンツ（番組）をいつでも見られようになり、動画配信サービスの利用者が急増してきました。

定額（サブスク）動画配信が牽引

動画配信サービスはAVOD、SVOD、EST、TVODの四つの形態に分けられます。

「広告型動画配信」（AVOD）では、コンテンツに広告が付き、ユーザーは無料で動画を視聴できます。

「定額動画配信」（SVOD）は、定額料金で、期間内であれば「見たい放題」など無制限に視聴できるサービスです。

残りの二つは、ユーザーがコンテンツを事前購入し、自分のPCなどに保存して、無期限でいつでも見られるペイパービューのサービス（EST）、事前購入ながら期限付きのサービス（TVOD）です。

スマホ利用者の五割以上が利用

映画に関しては、これまでの「映画館における興行」「パッケージソフトの販売・レンタル」「テレビ放送」（BS、CS、地上波）のほか、前記したようにインターネットによる動画配信サービスがあります。

映画館の利用が減少する一方で、動画配信サービスの利用が増加傾向にあり、特に二〇一五年から各社が定額制見放題サービスを開始したことから、「動画配信元年」とも呼ばれる時代になりました。コロナ禍による巣ごもり需要で、定額動画配信の利用率が約四七％にまで急伸し、パソコン利用者の七割以上、スマホ利用者の五割以上が定額動画配信を利用しています。

国内外二〇社を超える配信サービス

現在、日本国内では、Amazonプライムビデオをはじめとして、二〇社を超える数の配信サービスが行われています。利用者数の上位は、Netflix、U-NEXT、Amazonプライムビデオ、Huluなどアメリカ発祥の会社が多く、ハリウッド映画など海外コンテンツが豊富なことから人気となっています。このほかGYAO!やドコモのdTV、Rakuten TV、TELASAなどが続いています。また、有料動画配信サービスで利用されている主なコンテンツとしては映画（洋画）が最も多く、次いで映画（邦画）、海外ドラマ、アニメ、国内ドラマの順となっています。最近ではDisney+のような、専門ジャンルの配信サービスにも人気が集まっています。毎月定額で映画やドラマを好きなだけ視聴できる定額のネット動画配信サービス（サブスク）の導入が、利用者の拡大につながっており、配信するコンテンツの量と見放題のサービスで、お得感を打ち出しているサービスが増えています。

Netflix（ネットフリックス）の歴史

1997年	米国でDVDのオンラインレンタルサービスを開始
2007年	PCで映画やドラマの視聴が可能なストリーミングサービスを開始
2009年	会員数1000万人を突破
2011年	海外進出
2015年	日本でサービス開始
2016年	中国を除く190カ国に進出
2017年	会員数1億人を突破
2019年	オリジナル作品『ROME／ローマ』がアカデミー賞を受賞
2020年	日本国内の有料メンバーが500万人となる。

8 動画配信サービスを選ぶ基準

新型コロナウイルス感染拡大の影響を受け、外出自粛による巣ごもり需要が拡大したことに加え、映画のほかにも韓流その他の海外ドラマ、アニメなど多くのコンテンツを楽しめるようになったこともあって、動画配信の利用比率が急激に拡大しました。

動画配信サービスを選ぶ四つの基準

利用者アンケートなどを見ると、数ある動画配信サービスの中から利用者が選択する基準は、次の四点に区分することができます。

①ラインナップの充実度
②月額料金の安さ
③作品の探しやすさ
④レコメンド機能などの充実度

このうち、ラインナップの充実度では、特に見放題作品が多いものを選ぶ傾向にあります。また、月額料金の相場は五〇〇円から二〇〇〇円で、ポイント利用の有無などにも関心が寄せられています。

主な専門サービスによる差別化

「Disney+」はディズニー作品に特化した配信サービスで、「dアニメストア」はアニメ作品に特化し、「DAZN」はスポーツ配信に特化するなど、専門サービスもまた選択の基準になっています。

テレビやSNSなどで話題を呼んでいる新作を、いち早くチェックしたいという利用者も多く、その場合には、月額料金で利用する見放題サービスとは別に、都度課金(PPV:ペイパービュー)という、視聴した作品一本ごとに料金を支払うサービスが選択されています。都度課金には、DVDレンタルのように期限付きのものと、買い切りで無期限のものの二つがあります。

レコメンド機能と検索機能

前記したように、国内外の数ある動画作品の中からお気に入りの作品を探し出す検索機能や、ユーザーの視聴履歴に基づいてサービス側がおすすめの作品を提示してくれる**レコメンド機能**などが充実していることも、選択の基準になっています。

たくさんの作品がラインナップされている中から、自分の好みの作品はもちろん、これまで知らなかったジャンルの作品に出会うこともできるレコメンド機能の良否が、会員獲得競争の決め手にもなってきています。

さらに、「あいまい検索」や「出演者検索」「サムネイル表示」といった、見たい作品をすぐに見つけるための機能にも注目しましょう。特に、「あいまい検索」ができるととても便利。あいまい検索とは、関連ワードでの検索でも映画を見つけ出してくれる機能のことです。特に、作品名は覚えていないけれど、見覚えのある俳優や衝撃的なシーン、あらすじを覚えている映画の検索などには役立っています。

有料動画配信サービス利用のきっかけ

有料動画配信サービス利用のきっかけ(上位3項目)

	定額見放題	デジタルレンタル	購入
1位	その契約でしか見られないオリジナルの作品があったから(36.3%)	その契約でしか見られないオリジナルの作品があったから(29.0%)	その契約でしか見られないオリジナルの作品があったから(28.1%)
2位	自分の好きなジャンルの品揃えが非常によかったから(28.0%)	自分の好きなジャンルの品揃えが非常によかったから(16.4%)	自分の好きなジャンルの品揃えが非常によかったから(17.2%)
3位	新作の映画などが、DVDレンタルより手軽に見られたから(20.5%)	新作の映画などが、DVDレンタルより手軽に見られたから(15.0%)	その契約でしか配信していないスポーツなどがあったから(10.2%)

有料動画配信サービス利用配信事業者(上位3事業者)

	定額見放題	デジタルレンタル	購入
1位	Amazonプライムビデオ(58.8%)	Amazonプライムビデオ(49.9%)	Amazonプライムビデオ(51.4%)
2位	Netflix(21.8)	Hulu(10.8%)	Hulu(13.4%)
2位	Hulu(13.9%)	U-NEXT(10.1%)	FANZA(7.9%)

「映像ソフト市場規模 及びユーザー動向調査 2020」
(一般社団法人 日本映像ソフト協会、株式会社 文化科学研究所)より

9 動画配信サービスと映画館興行の融合

動画配信サービスと映画館興行の関係は、コロナ禍が起きる前から注目されていた課題です。当初、大手動画配信サービスは、「過去の作品はネットで、新作は映画館で」をキャッチフレーズとしていましたが、世界的なコロナ禍の拡大により、「配給」と「配信」の関係が変化しつつあります。

撮影の延期や中止による配給方法の変化

コロナ禍は、映画館の入場規制を招いただけでなく、映画の製作現場にも重大な影響を及ぼしてきました。

撮影の大幅なスケジュール遅延や中止が相次ぎ、俳優たちのスケジュールも流動的になり、スタッフ集めが難航した作品も多く出てしまいました。

これまでのようなコンテンツの流通方式では、製作費の回収もままならなくなり、やむなく映画館興行と配信の同時リリースに踏み切る作品が登場しました。さらに、映画製作だけでなく、宣伝用の映像なども、撮影現場で撮影したメイキング映像から特報映像を作るなど、従来の仕組みを大きく変えることになりました。

映画館には映画館ならではの価値

映画館興行と動画配信サービスの同時リリースという試みについて、映画プロデューサーの側も、また映画ファンの多くも、映画館に取って代わるものではないという認識では共通しています。

かつてビデオ・レンタル店が登場したときも、映画館興行とのバッティングが懸念されたものの、やがてレンタル店での再リリースの期間が短縮されることになっても、映画館には映画館ならではの価値があり、レンタルでの再リリースはあくまで劇場での公開を補完するものとの共通認識から、作品の価値を再確認できるということで一致していました。

サロン化する映画館

インターネットによる動画配信サービスで、映画館がない地域の人にも作品を観てもらえるということで、新しい観客を掘り起こすことにより、映画人口の裾野を広げるという考え方が生まれてきています。しかし、基本的には配給収入によって、製作会社は制作費を賄い、配給会社もまた企業を維持させていくことに変わりはなく、さらに、動画配信サービスの会社においても配信料や広告料の確保が必要となってきます。

製作会社や配給会社は、映画館への配給とネットでの同時配信を両立させる経営手法を確立することが必要であり、動画配信サービスの会社でも、人気作品を独占的に配信する戦略と、独自製作の方向性も探り始めています。また興行会社（映画館）おいても、配信と映画館興行の共存のために、「オンライン公開」などの取り組みも始まっています。「映画ファンの映画館好き」という言葉があるように、映画には非日常性と習慣性が共存することから、映画館はますますサロン化し、配信と配給の融合が模索されています。

東京で唯一「木造建築×最新設備」の映画館 CINEMA NEKO（シネマネコ）

かつて3館もの映画館が建ち並んだ歴史があり、映画館の廃館後も昭和の懐かしい映画看板を街なかに残していた東京都の最西端・青梅市に、50年ぶりに「映画館シネマネコ」と名付けられた映画館がオープンしました。

昭和初期に建てられ旧都立織維試験場として使われていた国登録有形文化財の貴重な木造建築物を、シネマカフェとしてリノベーションしています。古くから残っている街の建物を有効利用し、人々が活用できる場として映画館にしたい――こうしたコンセプトのもとで誕生した映画館です。館内には映画上映室のほかに、オリジナルのカフェメニューが味わえるカフェや、シアター限定グッズも販売するショップなども備え、まさにサロン化した新しい映画館の登場です。

https://cinema-neko.com/

ライブとリモートの両刀使い

コロナ禍による劇場の入場規制はアメリカも同様で、オンライン配信と劇場上映の同時公開が今後も進むと予測されています。Amazonプライムビデオを運営するAmazonでは、映画館経営にも関心を寄せているといわれ、同業のオンライン配信サービス各社も競ってネット上の会員獲得にしのぎを削り、同時にコンテンツの囲い込みも強めています。劇場上映と動画配信の両刀使いの戦略により、映画ファンの底上げとシェア拡大の両方を狙っている状況ではないかと思います。映画ファンの映画館好きはアメリカも同じで、いい作品ならば劇場と自宅の両方で何度も観るといわれているからです。

コロナ禍前のアンケートに、「映画館とオンライン配信で、同じ値段で同時に提供された場合、どちらで観たいと思うか」という問いかけがあり、「ジャンルによって異なるが、映画館志向は洋画の方が高く、また特にアクション・バトル、SF、ファンタジー、アメコミ・ヒーローを映画館で観たがり、邦画ではアクション・バトルの映画館志向が高い」という回答傾向が見られました。

また、映画館鑑賞者が感じる映画館のよさについて、「大画面」が最も高く、「よい音響」「非日常の気分」「集中して観ることができる」「きれいな映像」など、環境・設備に関連する項目が上位となっていました。さらに、「最新作を観ることができる」や「イベントとして楽しめる」「外出・お出かけのきっかけになる」などの回答も上位にありました。コロナ禍による外出自粛により、映画館に実際に出かける人や機会は少なくなってきたものの、前記のような「映画ファンの映画館好き」は、ポストコロナでも変わらないと考えられます。

日本のアニメ産業の動向

日本での劇場用アニメの歴史は古く、いまから90年以上前の1930年までさかのぼることができます。その後、カラーによる本格長編アニメ映画が上映されるようになったのは1950年代後半からです。以来、毎年のように長編作品が生まれ、2002年には、興行成績上位10本のうち6本までがアニメ作品で占められるほど、大きな市場になりました。海外でも日本のアニメは高い評価を受け、国でも「知的財産推進計画」の中で、アニメの海外展開を支援しています。しかし、業界内では、国内での人材不足や制作現場の空洞化、海外制作の難しさなど、課題も多くなっています。

1 アニメーションの市場規模

近年、日本のアニメ作品が国内はもとより、海外でも脚光を浴びています。劇場用、テレビ用、ビデオソフト用に加え、インターネット配信も好調で、アニメ市場は拡大を続けています。

コロナ禍前まで八年連続で過去最高額

アニメーションの制作会社などで作る日本動画協会の発表では、国内のアニメ関連会社およそ一七〇社を対象に算出した、コロナ禍前である二〇一九年のアニメ産業の市場規模は、二〇一八年を三三〇〇億円ほど上回る二兆五一一二億円で、八年連続で過去最高を更新しています。一〇年前の二〇〇九年が一兆二六六一億円だったので、そこからおよそ二倍に増えています。

アニメ産業市場のジャンル別シェアは、「テレビ」や「映画」など九つに分けられますが、海外での映画の上映やゲーム販売などの「海外展開」が一兆二〇〇九億円と全体の半分近くを占め、次いで「商品化」の市場が五八一三億円となっています。

「映画」や「配信」も過去最高

「テレビ」は九七〇億円で対前年比八四・八％と下がったものの、「映画」が六九二億円で対前年比一六二・四％、「配信」が六八五億円で対前年比一一五・一％と過去最高となっています。

コロナ禍の影響を大きく受けた二〇二〇年は、ライブやコンサートに壊滅的な落ち込みがあったものの、映画の『鬼滅の刃』のヒットもあり、市場全体では大幅な落ち込みにはならないのではないか、と予測されています。

また、動画配信など家でアニメを見る時間が増えていることから、アニメに対するジャンル別の需要が従来と大きく変わる可能性があると予測されています。

劇場用コンテンツの動向

　二〇二〇年の映画興行収入は暫定で六一七億円と予測されています。タイトル数は前年の九〇本に対して六六本、総制作分数も前年の七二四二分から四八三七分と激減しましたが、『鬼滅の刃』の大ヒットにより、興行収入としては二〇一六年に次いで第三位の記録になる見込みです。

　また日本動画協会は、国内のアニメ制作会社の売上を合算したアニメ業界市場の数字についても公表していますが、こちらは二〇一九年に三〇一七億円で前年比一二・九％の増加となり、初めて三〇〇〇億円の大台を超えています。アニメ業界の売上でも二〇〇九年の一四六八億円のほぼ倍の市場規模に拡大しています。

　そのほか、前記したようにキャラクターグッズなどの「商品化」が対前年比一六・二％増と好調で、「遊興」も一二・八％増と伸びています。一方で、制作本数が減少した「テレビ」や、販売本数が伸び悩む「ビデオソフト」、さらに「音楽」も減少するなど、アニメ市場の中でもジャンルによっては減少傾向にあるものが出てきています。

アニメ映画の市場規模の推移

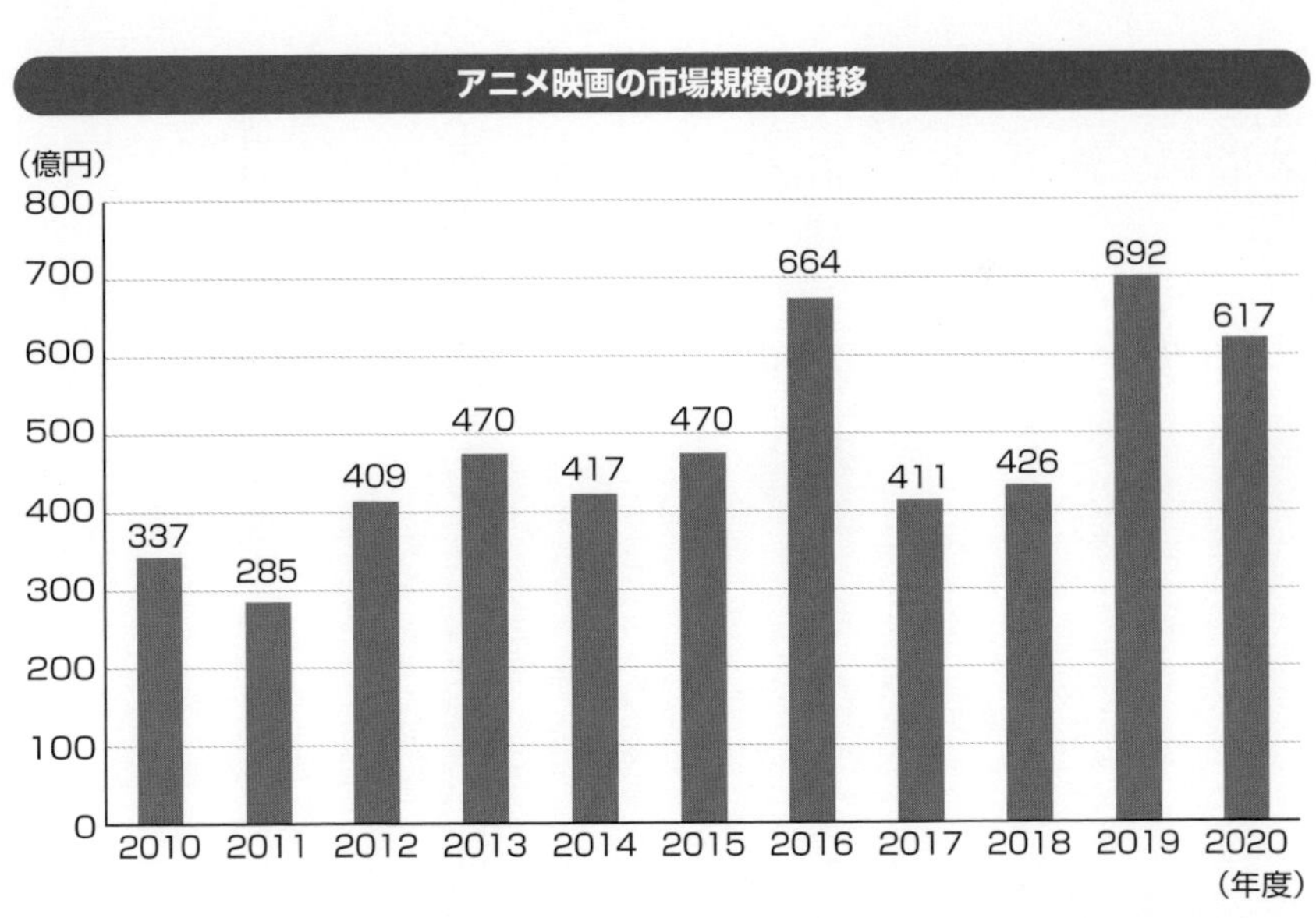

日本動画協会資料より

2

海外市場の動向

日本のアニメーションは、海外でジャパニメーションと呼ばれるほど、技術的にも芸術的にも高い評価を得て、日本を代表するコンテンツになっています。

アニメ市場を牽引する海外展開

コロナ禍前の二〇一九年のアニメ産業の市場規模は、前節で紹介したように二兆五〇〇〇億円余りと過去最高を更新しました。これを牽引したのがアニメの「海外展開」と「映画」や「配信」で、このうち海外展開では一兆二〇〇九億円で、全体の四七・八%を占めています。海外における売上高では、二〇一二年が二四〇八億円で、二〇一七年が九九四八億円、そして二〇一八年が初めて一兆円を突破し、これまで右肩上がりで増加してきました。しかし二〇年以降については、コロナ禍の影響から家でアニメを見る時間が増えてはいるものの、世界的にも映画興行の打撃が大きく、市場規模の縮小は避けられない見通しだとしています。

映画の本場ハリウッドでも高い評価

アニメの海外市場は大きく分けて北米市場、欧州市場、アジア市場の三つがあり、それぞれの地域において日本のアニメーションの評価は高くなっています。

海外でもネット動画配信事業者によるグローバル配信が牽引役となり、関連市場を巻き込んで北米市場は順調に推移し、欧州市場もフランスでの需要は拡大しています。

一方、アジア市場はこれまで中国が日本アニメの牽引役だったものが、最近中国当局の規制が強化され、日本のアニメの一部が、正式に放映権を買い取った中国の動画サイトで配信できなくなっていることもあり、今後の動向に注目が集まっています。

中国の規制強化

　中国ではこれまで日本アニメのネット配信には動画サイト側が自主検閲をすればよかったのですが、最近、中国当局が検閲を開始した可能性があり、作品によっては日本との同時配信が難しくなっています。今後は作品単位に限らず、通年での規制強化が懸念され中国での日本アニメの買付意欲が減退しはじめたともいわれています。

　中国での規制強化について、日本のアニメ業界で懸念されているのは、海賊版の横行で正規品が規制されればされるほど、海賊版が増えることです。さらには、アニメのキャラクターに関連するゲームやグッズ販売の動向もあります。

　コロナ禍による外出抑制は中国でも同様で、日本と同じく〝巣ごもり消費〟に属するネット動画の視聴やゲームへの消費が喚起されれば、品質の高い日本アニメの視聴頻度も上昇が期待され、併せてグッズやゲームといった関連商品、サービス消費に向けられる可能性もあり、今後の動向が注目されます。

アニメ産業市場のジャンル別シェア（2019年）

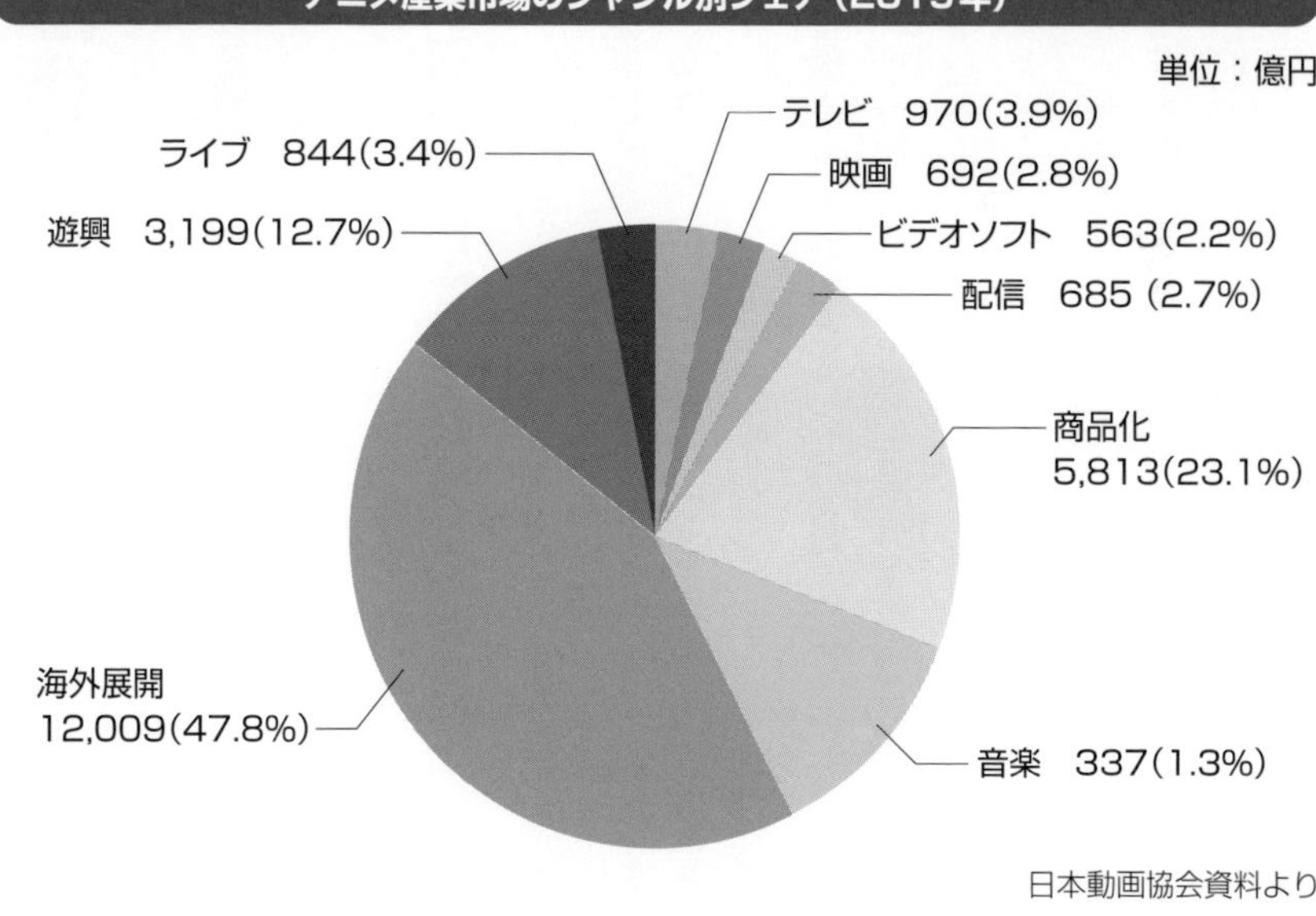

日本動画協会資料より

3 活発化するネット配信市場

コロナ禍による巣ごもり化で、インターネットによるアニメ動画の配信市場も大きく拡大しました。ネットの動画コンテンツの中で、アニメは実写版映画よりも多くのタイトルが配信されています。

前年度比一九一％増の伸び

二〇二〇年の国内動画配信市場全体の市場規模は三七一〇億円と推計され、二〇一九年の二七七〇億円に対して、率では三四％増、金額では九四〇億円の増加と大きな伸びを示しています。

このうち、アニメ配信での売上高は、ユーザーによる視聴料やコンテンツ会員費と視聴課金などから算出されますが、二〇二〇年のアニメの「配信市場」は六八五億円で対前年比一一五・一％と過去最高になっています。その背景には、外出自粛によるテレワークや学校のリモート化により、家庭内でのインターネットへのアクセスが増え、アニメの配信頻度も高くなったことが考えられます。

また、無料配信のコンテンツが増えたことや定額の課金制度など、ユーザーが好きなコンテンツを自由に、また安価に選べるようになったことも拡大の要因にあげられます。さらには、５Ｇなどインターネット環境の整備・充実も要因となっています。

二〇二五年には五〇二〇億円に拡大

コロナ禍の終息は本書執筆時点でもまだ見えないことから、今後もネット系メディアの需要は高く、動画配信サービスは引き続き成長すると予測されています。ちなみに二〇二五年には五〇二〇億円まで拡大するとの見方もあり、このペースに合わせて、アニメ動画の配信も拡大が続くと予測され、ジャンル別のシェアでもインターネット配信の割合が高くなるとされています。

外資系二社が三割を超えるシェア

アニメ動画の配信サービスにおいて二〇二〇年のシェアが最大だったのはＮｅｔｆｌｉｘで、一九・五％と全体の二割を占めています。次いで、Ａｍａｚｏｎプライムビデオが一二・六％と、外資系二社が一、二位を占めています。国内勢ではＵ－ＮＥＸＴが三位で一一・一％になっています。また、上位三社は売上とともに、年々シェアを拡大し、次第に寡占化の状況が強まってきたといわれています。

アニメ動画のインターネット配信の歴史を探ると、もともと二〇〇二年に、ＮＴＴグループとバンダイグループとのタイアップによる「機動戦士ガンダムＳＥＥＤ」から始まりました。テレビ放映とネットによる無料配信の同時進行がきっかけになっています。このときに、テレビとネットの両方で視聴率が高く、かつＤＶＤ販売も好調だったことから、続編でも同じ手法が採用されました。二〇〇五年からはインターネットテレビ「ＧｙａＯ」によるコンテンツ配信も始まり、配信本数が大幅に増加しました。

定額見放題サービスの全視聴本数の分野別構成

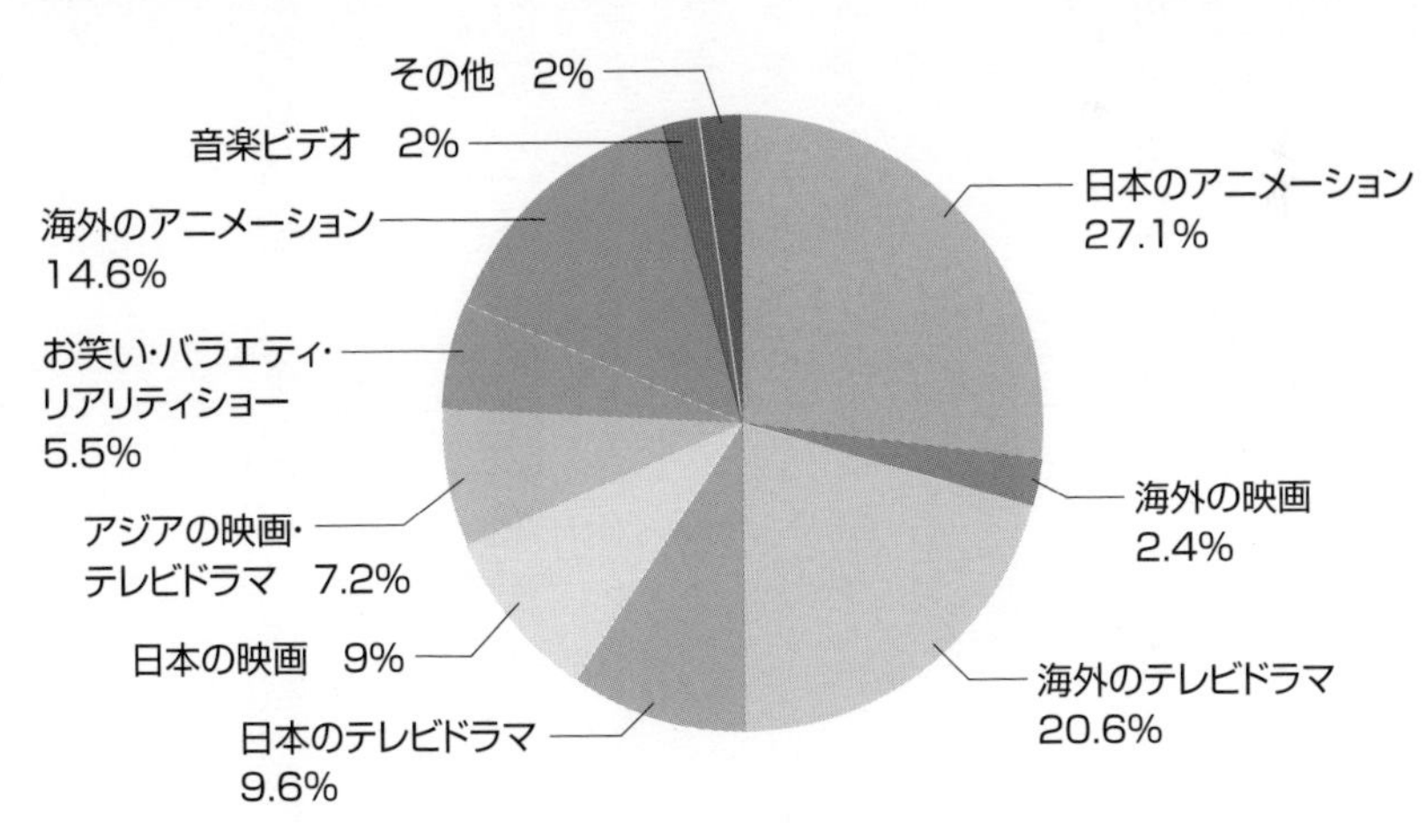

4 アニメーションの歴史

日本でアニメーションという言葉が使われ始めたのは一九六〇年代後半で、それ以前は「漫画映画」や「動画」、テレビアニメも「テレビまんが劇場」などのタイトルが付けられていました。

導入期から家内制手工業的な制作体制

日本でアニメの制作が始まったのは大正時代です。最初は、セル画を用いた方法ではなく、線画と切り絵の手作業による家内制手工業的な制作体制によって行われ、作品の数も限られたものでした。

しかし、戦時下になると、大衆の戦意を高揚させるには漫画映画のようなわかりやすいものがいいと、軍部が主導して制作を支援し、技術も向上していきました。第二次大戦後は、東映が日本動画社(日動)を吸収合併し、アニメスタジオ「東映動画」を発足させて、劇場用アニメーション映画の本格的な制作を開始しました。最初の作品は、七九分の劇場用長編作品『白蛇伝』で、この作品は海外にも輸出されました。

テレビアニメの放送開始

一九五八年にテレビ放送が始まり、多くの番組やCMなどでアニメが使われるようになってきました。

しかし、アニメ作品を制作し放送するには、長い制作時間と費用がかかることから、当初、日本で作られるテレビアニメは、一、三分の短いものが多く、一つの番組として放送されるアニメは、ほとんどがディズニーなどアメリカで制作された作品でした。

その後、一九六二年に、漫画家の手塚治虫氏が「手塚動画プロダクション」を設立して、一九六三年から『鉄腕アトム』の放送が開始されました。

マーチャンダイジングで稼ぐアニメ

本格的にテレビアニメがスタートしたものの、当初からテレビ局にはアニメの制作部門はなく、アニメ制作会社からテレビ局がコンテンツを購入するというかたちで放送されました。

しかし、テレビ局が購入する予算とアニメの制作会社がかける予算には三倍以上の開きがあり、制作会社は、作れば作るほど赤字が出る構造になっていました。そのため、アニメのキャラクターをCMの映像や商品などの絵柄にも使えるという許諾権を設定し、許諾料をアニメ制作の赤字補塡に使うという仕組みができ上がり、さらに、テレビアニメの劇場上映も行われるようになりました。

『鉄腕アトム』でのマーチャンダイジング展開が、現代のアニメビジネスの原型になったともいわれています。アニメコンテンツの、より高い収益性を目指してのマーチャンダイジング展開は、その後の「ロボットアニメ」や「少年アニメ」といった様々なジャンルで活発化していきました。

キャラクターのマーチャンダイジング*

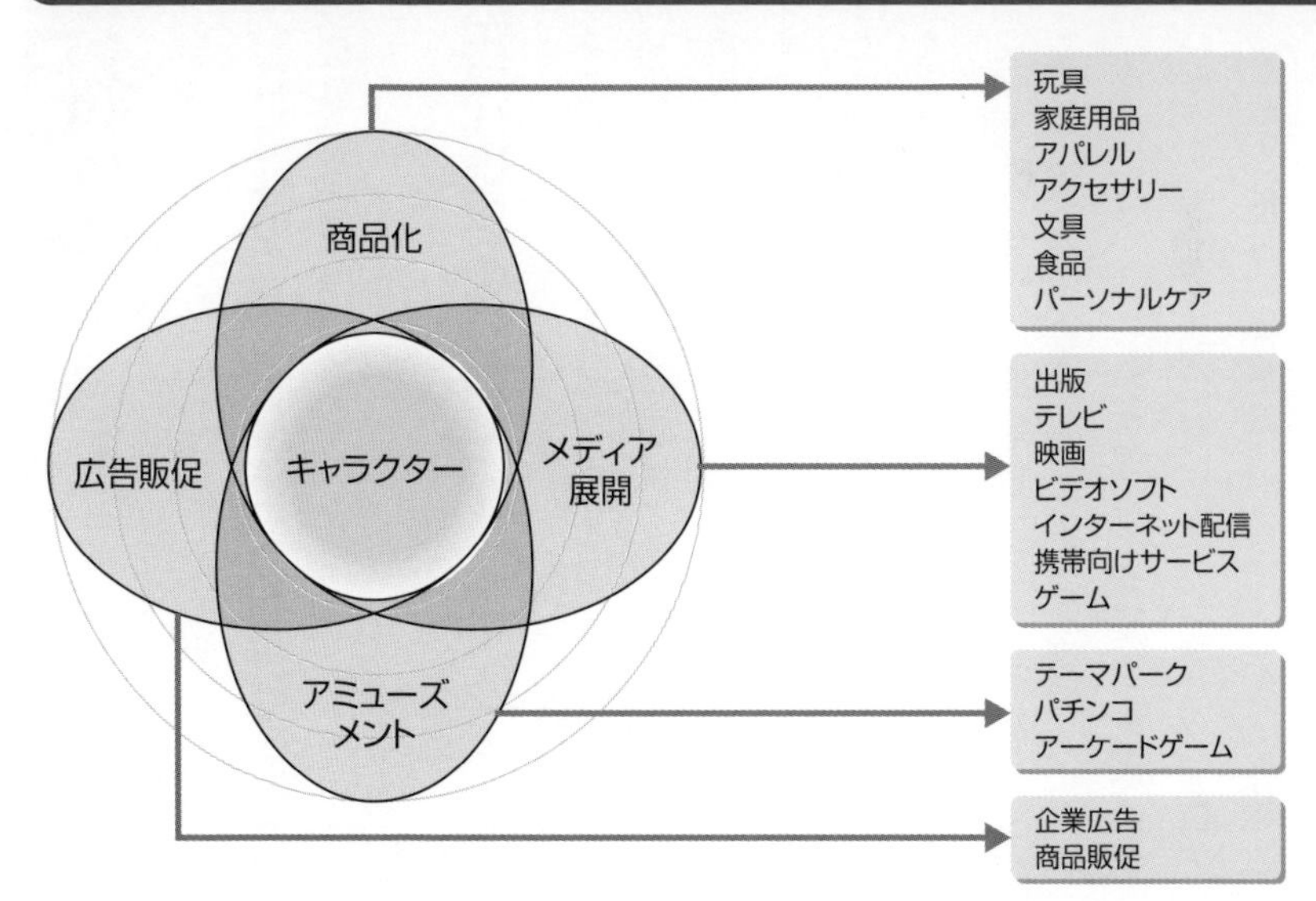

＊…**マーチャンダイジング**　『情報メディア白書』（電通総研）を参考に作成。

5 アニメビジネスの仕組み

人件費を中心に制作費が多額で、テレビ放映料や劇場収入だけではコンテンツ単体での利益計上は難しくなっています。そのため、マルチユースの版権収入が重要になってきています。

企画段階から多くの企業が参加

実写による映画コンテンツと同じく、アニメ作品においても、マルチユースをビジネスの前提条件にしています。そのため企画の段階から、テレビ局、映画配給会社、広告代理店、出版社、アニメプロダクションなどが、製作委員会を結成して、共同企画によって製作を進めるケースが増えてきました。

実際の制作にあたっては、コア企業となるアニメ制作会社が、まず原作権を持つ漫画家や出版社からアニメ制作の許諾を得るほか、脚本家、作画のスタジオ、音楽家、声優のプロダクションなどと契約します。

制作過程において多数の下請け企業が登場することは、日本のアニメ業界の特徴といえます。

広告代理店の役割

アニメのマーチャンダイジングとして、キャラクターの商品化権や販売権が大きなビジネスになっています。そのため、広告代理店がテレビ放映だけでなく、アニメビジネス全体のスキームを取りまとめるようになってきました。

また、商品化においては、作品のターゲットが必ずしも子ども世代ではなく、ファミリーや大人の場合もあり、これまでの玩具メーカーだけでなく、数多くの業種で商品化のためのライセンス獲得を希望する企業が増えています。アニメ作品においても、**シナハン***、**ロケハン***をして、地方の風景を作品に描くことがあり、地方の自治体が製作を支援するケースもあります。

＊**シナハン**　シナリオハンティングの略。シナリオを書くために、映画やドラマなどの舞台となる場所に行って下見をすること。

制作の海外依存が強まる

近年、制作コストの高騰やアニメ制作に携わる人材の不足から、制作現場を海外に移転したり、海外の制作会社と提携するなど、アニメ制作の海外依存が増してきました。アニメ制作技術のIT化によって、原画などのデータをデジタル変換し、インターネットなどで中国や韓国など海外の制作会社に送信して、先方で制作してもらうことが可能となりました。また、完成したデータを日本で再受信するなどのやり方を行っているところもあります。

制作会社によっては、東アジア諸国にスタジオを構え、現地スタッフを採用して制作したり、現地企業と合弁企業を設立するなど、国際化が急速に進んでいます。

一方、韓国や中国では、日本の優秀な技術を自国のアニメ制作に活かして、国内企業を育成・支援しながら、作品を海外に輸出して、日本と競合関係になるケースも生まれてきました。アニメビジネスはいま、激しい国際競争の時代を迎えています。

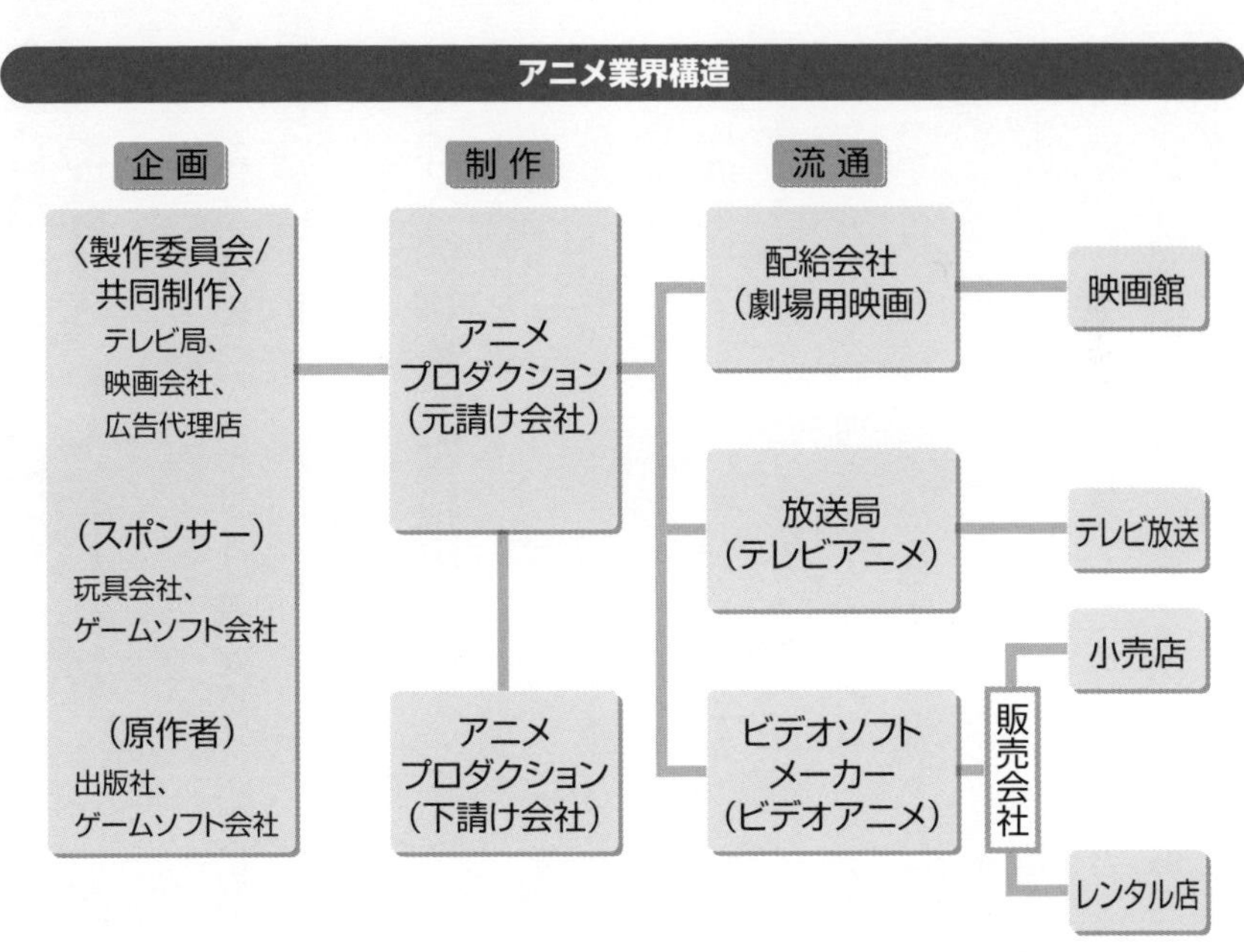

＊**ロケハン**　ロケーションハンティングの略。映画やドラマなどの舞台となる場所に行き、撮影を行う場所を探したり、撮影方法を検討したりすること。

6 アニメ業界の課題と新しい展開

国内のアニメプロダクションは四三〇社ほどあり、その六割以上は都内にスタジオを構える下請け企業です。それらの企業は経営的に不安定で、人材不足に悩まされています。

人材の流出が大きな問題に

アニメの企画段階では、映画会社、テレビ局のほか、広告代理店や出版社、玩具メーカー、アニメプロダクションなど大会社が製作委員会を結成し、共同で取り組むことが多くあります。しかし、実際の現場では、アニメプロダクションを元請けにして、その下に数多くの下請け会社が組織されて制作が進行します。

大半はテレビ放映用のアニメ制作で、予算上の制約などから、下請け企業にとっては厳しい経営状況が続いています。そのため、ゲーム業界など他産業への人材流出や、制作拠点の海外移転などが続いています。今後ともアニメ大国として継続的に発展していくためには、人材育成が急務といえるでしょう。

業界への積極的な投融資

一方、アニメコンテンツへの期待は高く、アニメ業界への融資や投資を積極化する動きが顕在化しています。従来はアニメなどのコンテンツは、一次使用の段階では市場規模も小さく、担保力がないとされ、また中小企業が多いことから、資金調達は難しいとされていました。しかし、二〇〇四年に日本で初めて**アニメファンド**＊が造成されたり、二〇〇五年からは独立行政法人中小企業基盤整備機構などが同様にファンド造成に取り組むなどして、資金的なバックアップ体制が敷かれるようになりました。さらに、これまで慎重姿勢だった市中の金融機関でも、コンテンツメーカーへの融資に積極的に取り組むなど変化が生まれています。

＊**アニメファンド**　アニメ制作の資金を調達するために、匿名組合を作って個人から資金を募るファンド。

国際競争力強化のために

国は資金提供に加えて人材育成などでも支援を強化していますが、その背景には、日本のアニメが海外から高い評価を受け、かつキャラクターの二次使用などの市場が拡大し、大きなリターンが期待されるという状況があります。

また、アニメ業界においてはこれまで日本の下請け的な役割だった韓国が、国をあげてアニメ産業の振興策を打ち出し、国内のテレビ放送でも、自国のプロダクションが制作したコンテンツの放送時間を増やすなど、国際競争がより激しくなってきたという事情もあります。

日本国内のアニメプロダクションでも、これまでの下請け依存を改め、制作工程を一貫して自社内で管理し、高品質な作品を世に送り出すことで、競争力を維持しながら、経営革新に取り組むようになってきました。さらに、現在のアニメ産業のニーズに合った高度な技術を持った人材の育成を図るために、専門の教育機関などが設立されています。

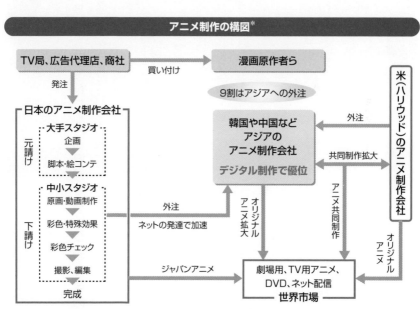

アニメ制作の構図*

＊…の構図　『情報メディア白書』（電通総研）を参考に作成。

7 商社とアニメ業界

前節で紹介したようにアニメの海外取引が活発化している中で、かつて日本のコンテンツ輸出で主導的な役割を果たしてきた大手商社のコンテンツビジネスに変化がみられるようになってきました。

輸出競争力に注目

かつて大手商社が映像事業に関心を持ってきたのは、輸出産業としての日本の映像産業に注目したことと、クールジャパン戦略をはじめとする国の支援強化と連携していたからです。また、大手商社は不動産事業や流通業も手掛け、シネコンや商業地の再開発事業などで劇場経営などと深く関係してきたからです。さらには、インターネット配信の領域にも商社の事業が拡大したことから、アニメの映像ソフトを持つことは商社間の競争にも差別化が発揮されるという期待がありました。

アニメ産業においても世界各国に拠点を構える商社と連携することにより、国際競争を有利に進められるという期待がありました。

商社による投資の変化

かつてアニメをはじめとする映像コンテンツ事業に積極的に取り組んできた住友商事は、二〇一八年よりデジタルメディア事業への領域を拡大してきています。

デジタルメディアはインターネット上で文字・写真・音楽・映像などを伝達するサービスを指していますが、住友商事では、子会社のジュピターテレコム（J：COM）を介して、ケーブルテレビ事業や番組供給事業、映像関連事業などに加え、デジタルメディア関連事業への領域を拡大し、さらにはデジタルメディア事業に関連する様々な事業者への出資や合弁会社設立などの投資活動を行っています。映画産業では製作と配給を手掛けるアスミック・エースを傘下に収めています。

VIPO（映像産業機構）の役割

日本のコンテンツ産業の国際競争力の強化を推進し、日本経済の活性化に寄与することを目的に、二〇〇四年に設立されたNPO法人**VIPO（映像産業機構）**には伊藤忠商事も設立当初から幹事理事として役員にも名を連ね、連携を深めてきました。

そのVIPOは、「人材育成」と「海外展開・市場開拓」の二つの柱を中心に事業を展開しています。

人材育成事業としては、次代を担う若手映画作家の発掘と育成を目的に、若手映画作家を対象に、ワークショップや製作実地研修を主宰したり、「コ・フェスタ（JAPAN国際コンテンツフェスティバル）」と呼ぶ、日本が誇るゲーム、アニメ、マンガ、キャラクター、放送、音楽、映画といったコンテンツ産業やファッション、デザインなど、コンテンツと親和性の高い産業に関わる各種イベントを効果的に海外に発信するための海外発信力強化支援プロジェクトなどに取り組んでいます。

また最近では、韓国の映像制作会社とのオンラインビジネスマッチングなども開催しています。

VIPOの事業

コンテンツの未来へ、つなげる、ひろげる。

コンテンツ業界に関わるすべての人たちへ
VIPOでの「まなび」「つながり」をきっかけに
ビジネスの輪がひろがるよう、サポートしていきます。

VIPOの価値

私たちは、コンテンツ業界全体を支援する業界団体（NPO法人）です。

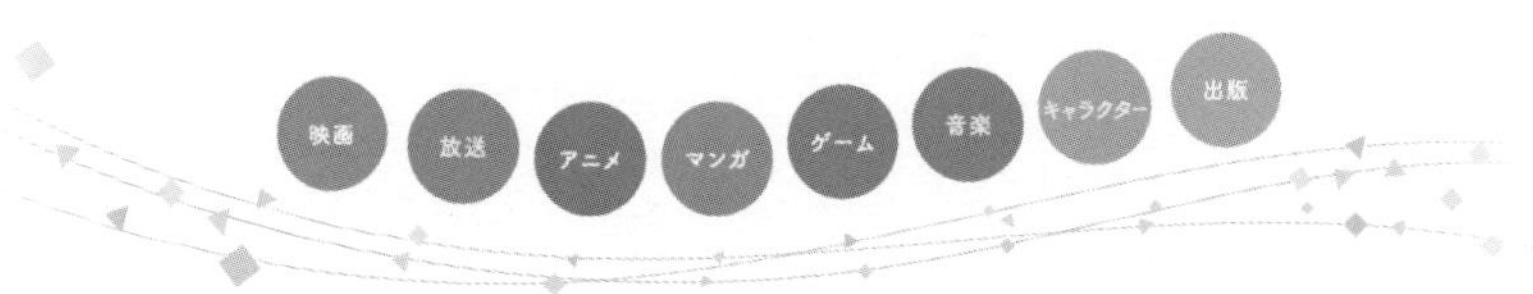

https://www.vipo.or.jp/より

8 アニメの仕事

二〇〇〇年以降、日本映画界におけるアニメの占める割合は大きく、アニメがなければ映画界が成り立たないのではないかといわれるほどになっています。

企画

アニメ製作は**企画**から始まります。どんなテーマでどのようなストーリー展開をしていくか、およびターゲットとする年齢層などを設定していきます。

制作会社からの企画もあれば、プロデューサーや監督からの企画もあります。テレビ局や出版社からの企画もあり、ルートは様々ですが、制作会社を決め、製作費を見積もり、予算を立てるまで、いかに具体的な企画を立てるかが重要です。

内容を固めたら企画書を作り、映画配給会社に売り込むのが一般的です。そこには、一つの作品として仕上げていくための理念と、実現に向けた具体性、関連する様々な資料が必要になります。

プロデューサー、制作進行

アニメの企画立案から完成まで、すべてを統括するのが**プロデューサー**であり、アニメ製作全体の責任者になります。企画、シナリオ、絵コンテ制作のほか、予算組みや制作スタッフの選定、スケジュール管理を行います。声優のキャスティングもプロデューサーが中心になります。アニメプロデューサーには、周りの人間と円滑に仕事を進め、かつ統率できるコミュニケーション能力が必要になります。

プロデューサーにはアシスタントプロデューサー（AP）というアシスタントが付きます。APは雑用係ともいえるほど、いろいろな細かい仕事をこなさなければなりません。各スタッフのスケジュール調整をし、連絡事項の伝達を行いながら、制作の進行状況を常に把握していきます。トラブルが起きた場合は、迅速に処理します。

体力的にも精神的にもきつい仕事ではありますが、制作現場には欠かせない存在です。

監督

監督（ディレクター）は制作現場の責任者としてスタッフを指揮します。自分のアイデアを持って企画の段階から参加し、原作や脚本も自分で書き上げる監督と、持ち込まれた企画に対して演出部分で力量を発揮する監督がいます。いずれにしても、スタッフの選出などにも関わり、作品の方向性を決定していきます。

監督に必要なのは「一貫性」でしょう。作品に対して、一貫性のあるイメージを持ち続けることです。そしてスタッフに一貫性の重要性を伝え、指揮していきます。そのために、各スタッフの担当部分に相当の理解を持っていなければなりません。制作の全工程に細かく指示を出し、スタッフの目指す方向を一つにしながら、優れた作品へと導いていくのです。

アニメの種類

セルアニメ	アセテート樹脂で作られた透明なシートにアクリル絵の具で描かれた絵（登場人物などや背景画）を重ねながら、撮影台で 1 コマ 1 コマ撮影して映像にする手法のこと。
切り絵アニメ	キャラクターの切り絵やその一部を背景画の上でコマ撮りするアニメのこと。
ペーパーアニメ	紙に 1 コマずつ人や物を動かして描き、連続してめくることで動かすアニメの手法。いわゆるパラパラマンガのこと。セルアニメと違い 1 コマごとに背景を含めて描き直さなければならないが、紙と鉛筆だけで作れる。
影絵アニメ	キャラクターや背景を切り絵として作成し、後方から光をあてて撮影する手法。切り絵に色の付いたプラスチックなどを用いることでカラーにすることもできる。シルエットアニメともいう。
クレイ（粘土）アニメ	粘土で作った人や動物や物などを、少しずつ動かしながらコマ撮りする手法のアニメのこと。
人形アニメ	人形をほんの少しずつ動かしながらコマ撮りする手法のアニメのこと。
コマ撮りライブアニメ	人形やフィギュアなどの立体造形物を、少しずつ動かしながら 1 コマごとに撮影して動画としてつなぎ合わせる手法のアニメ。ストップモーションアニメともいう。
CG	1 コマ 1 コマの静止画像を CG で作成し、それらのコマをつないで、作品全体を CG（コンピュータグラフィックス）で作り上げたアニメ作品のこと。
シネカリグラフィ	フィルム針で傷を付けることによって線を描いたり、直接色を塗ったりすることにより動きを表現する手法のこと。アニメだけでなく実写映画でも取り入れられている。

演出

演出は、いわば現場担当者といったところでしょうか。原作・脚本の映像化における指揮者です。

演出の仕事は絵コンテ作成に始まります。**絵コンテ**とは、作品全体をイメージできるように作成する、イラストによる表で、一つひとつのカットについて説明するものです。映像の設計図ともいわれ、人物や背景のサイズ、構図、動きについて説明し、原画作成のもとになります。演出者は絵コンテを使って、作品の演出計画をスタッフに伝えるのです。

絵コンテをもとに、キャラクターデザイン、レイアウト設定と進み、彩色、背景などの美術設定、撮影、録音、編集という過程をたどっていくのですが、すべての過程において、監督の意向が反映されるよう、指示を出していきます。

演出のアシスタントを務める**演出助手**が、全面的に演出の仕事をフォローします。

作画監督

日本のアニメ界では、カットごとにアニメーターが割り当てられます。つまり、原画を場面ごとに違う担当者が描くことになります。違う担当者が描くことによって、どうしても担当者それぞれのクセが出て、雰囲気やキャラクターの顔に微妙な違いが生じてしまいます。そこを統一していくのが**作画監督**です。

また、キャラクターがふさわしい画面構成の中で効果的に動いているかを見るなど、演出的な役割もあります。先に示された絵コンテによる演出プランを、指示どおりに描き出しているかをチェックする仕事です。

キャラクターデザイン

アニメという物語に登場するすべての人物について、その人相、表情、髪型、体型、服装などをデザインするのが**キャラクターデザイン**の仕事です。

そういった外見が内面的なキャラクターと一致しているか、魅力ある人物として、あるいは特徴ある人物として描かれているか――など、細かな点に気を付けてデザインを完成させていきます。服装のバリエーションや動作の特徴、また、アクセサリーや愛用品など、すべてデザインしていきます。

人物は正面からだけ描くものではないので、後ろや横から見るとどのような感じかなども、一人の人物の一貫したイメージから外れないようにデザインします。

人物をよく観察し、特徴を捉え、しかも想像力豊かであること、そして人並み外れるほどのアイデアが、優れたキャラクターデザインを生みます。

原画

アニメーションの制作過程の中で、キャラクターの動き始めから動き終わりまで、ポイントとなる動きを描いたものが**原画**で、原画担当者のことを**原画マン**と呼びます。原画マンは絵コンテをもとに演出家と打ち合わせをし、レイアウトを作ります。レイアウトは演出とのズレがないかチェックされたあと、作画監督のチェックを受けます。動きのスピードと、実際に映像になったときの時間を調整し、確認してから、本格的に原画作成に入ります。

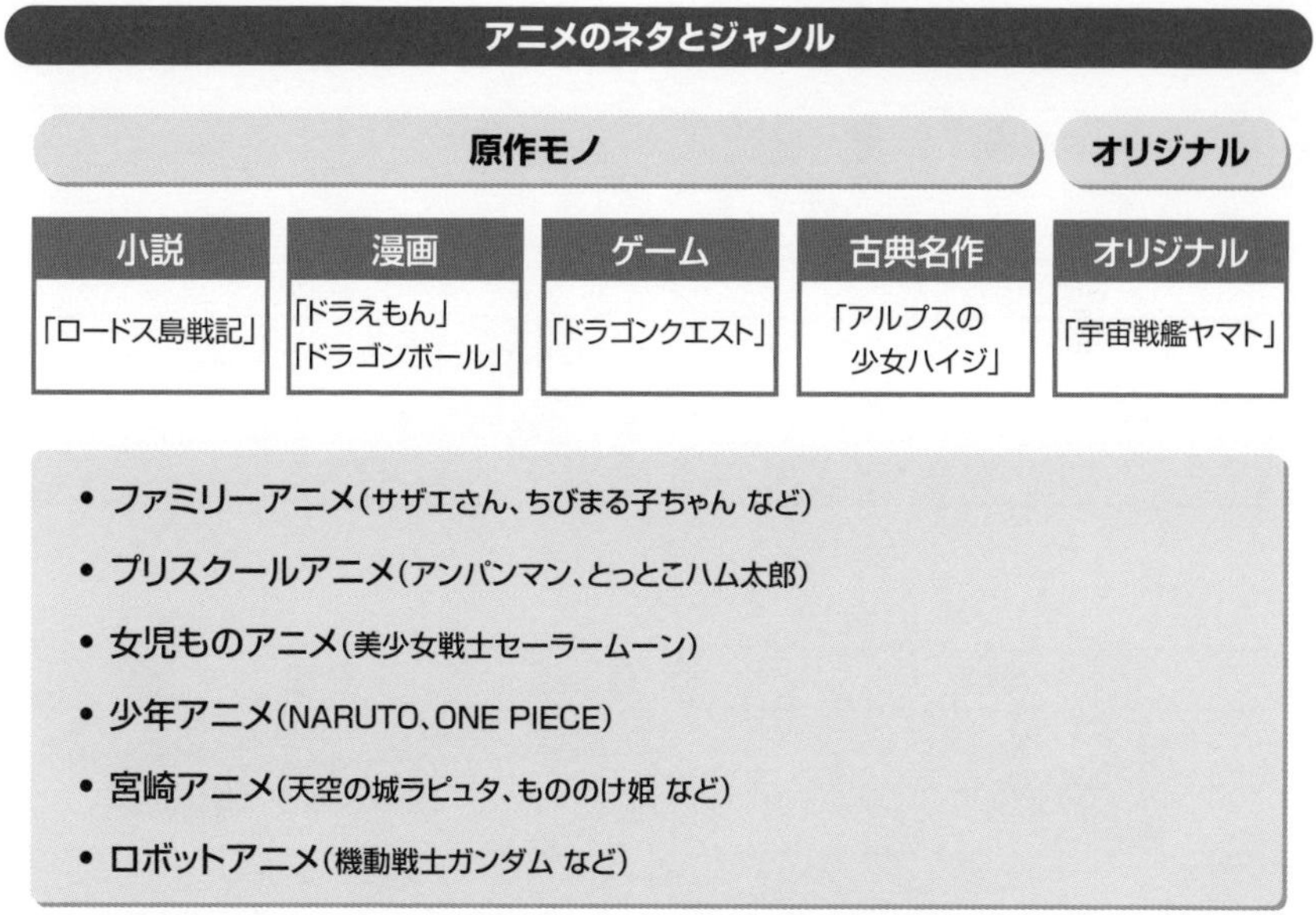

アニメのネタとジャンル

原作モノ				オリジナル
小説	漫画	ゲーム	古典名作	オリジナル
「ロードス島戦記」	「ドラえもん」 「ドラゴンボール」	「ドラゴンクエスト」	「アルプスの少女ハイジ」	「宇宙戦艦ヤマト」

- ファミリーアニメ（サザエさん、ちびまる子ちゃん など）
- プリスクールアニメ（アンパンマン、とっとこハム太郎）
- 女児ものアニメ（美少女戦士セーラームーン）
- 少年アニメ（NARUTO、ONE PIECE）
- 宮崎アニメ（天空の城ラピュタ、もののけ姫 など）
- ロボットアニメ（機動戦士ガンダム など）

アニメの制作現場の職種
シナリオライター
プロデューサー
監督（ディレクター）
作画監督
演出
美術監督
美術デザイナー
カメラマン
アニメーター
（原画、動画、背景画）
特殊効果
撮影／編集
録音
CGオペレーター
現像マン
音楽
音響
声優
動画・色検査

動画

原画と原画の間を、一連した動きでつなげていくのが**動画**で、動画を描くことを**中割り**といい、動画担当を**動画マン**と呼びます。一般に新人のアニメーターが動画を担当するので、アニメの道も動画からといったところでしょう。

動画チェックを受け、時間と動きを確認し、修正部分があれば描き直すなどして、仕上げていきます。

動画の仕事は時間がかかる割には給料も安いので、経験を積むのだという覚悟が必要です。認められれば、原画、そして作画監督への道が開けます。

美術監督

美術監督は、アニメの舞台設定ともなる背景画を描く、**美術設定**を監督する仕事です。

監督がイメージする作品の世界を実現するため、細かな打ち合わせをしながら、アニメの中に一つの世界を作っていきます。

現実にない世界でさえも、具体的に作り上げていか

実際に使われている作画工程のデジタル化*

*…**のデジタル化**　『図解入門業界研究 最新アニメ業界の動向とカラクリがよ～くわかる本』（秀和システム）より引用。

なければなりません。発想力、想像力、センスが要求される仕事です。

また、人物の「背景」、人物や画面に現れる物の色を設定する「色彩設計」、セルに入れる色を指示する「色指定」と「仕上げ」、そして、リアル感を出すための「特殊効果」まで監督する場合もあります。

いずれの作業も、デジタル処理とCGを用いるようになって、コンピュータの画面上でいろいろな作業や修正ができるようになりました。また、塗料の乾燥を待つ必要がなくなったので、作業が効率的になり、アニメの量産につながっています。

撮影／編集

でき上がったセル画と背景を合わせ、フィルムを使って一コマ一コマ撮影していくのが、アニメ撮影の基本です。そして、その撮影したものをつなげて、一つの作品に仕上げていくのが**編集**です。

現在ではデジタル化が進み、撮影も編集も、フィルムではなく、コンピュータを使うようになりました。パソコンにセル画と背景を取り込み、一コマずつ合成してつなげていくのです。フィルムを使っていたときよりも、細かな調整や効果を加えることができるようになり、幅の広い演出が可能になりました。

音響監督、音響効果

編集が終わると、音響制作が始まります。キャラクターのセリフ、効果音、BGMを付けていきます。

声優のキャスティングも大切な仕事です。作品のイメージする世界を実現するにあたり、キャラクターの声の質や話し方は重要です。オーディションや細かな打ち合わせをして、声優を決定します。

効果音やBGMについても、作品のイメージに合っているか、音の入るタイミングはどうか、絵に合っているか、バランスがとれているかをチェックしていきます。

アニメの多くでは、作品に合ったテーマソングやBGMを新たに作ります。いくつもの曲の中から場面に合ったBGMを選び、効果的なタイミングと音量で扱うことができるよう、作品全体の理解が欠かせません。

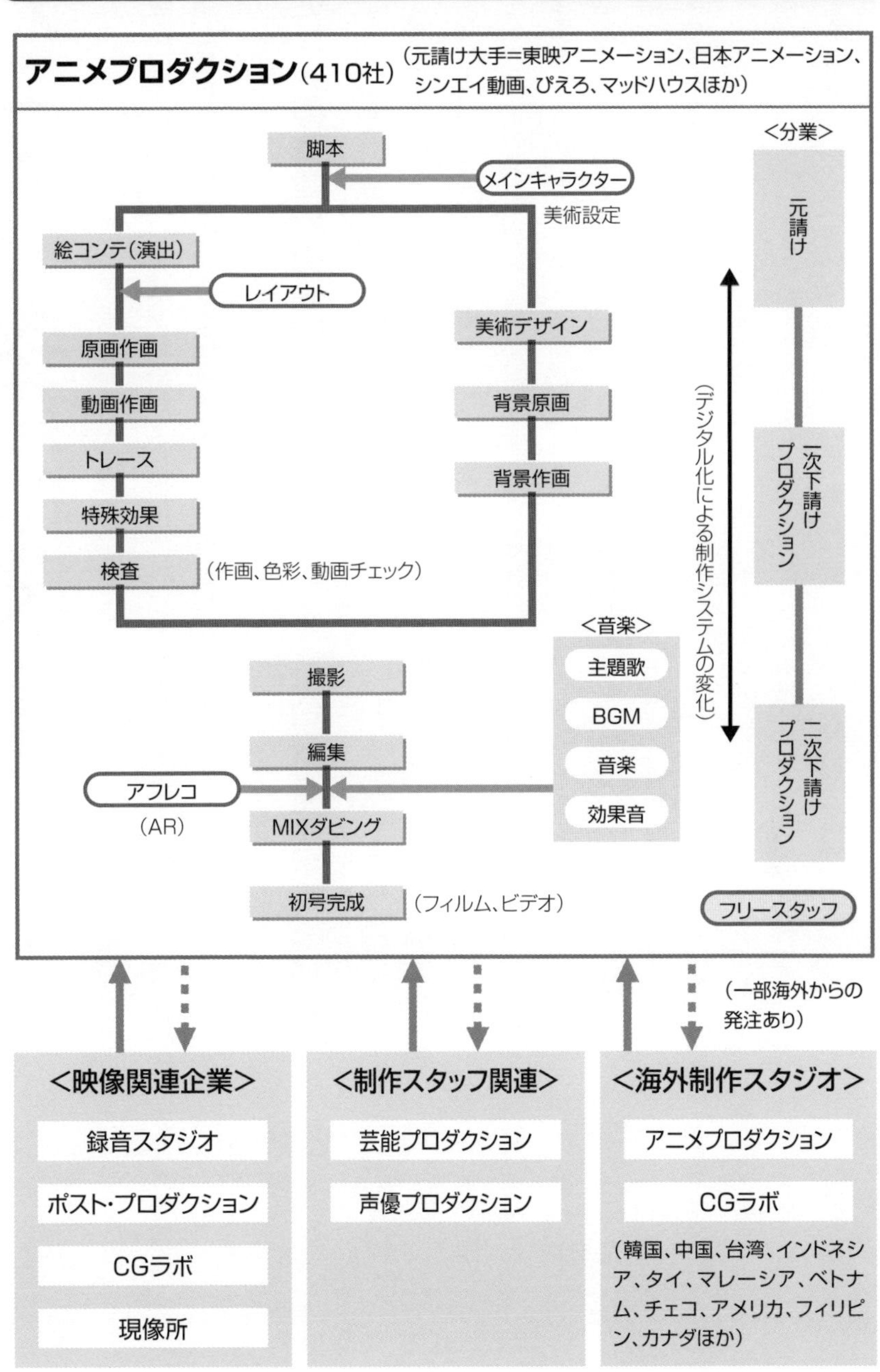
アニメ制作の流れ
アニメプロダクション(410社)
(元請け大手=東映アニメーション、日本アニメーション、シンエイ動画、ぴえろ、マッドハウスほか)
脚本
メインキャラクター
美術設定
絵コンテ(演出)
レイアウト
原画作画
動画作画
トレース
特殊効果
検査
(作画、色彩、動画チェック)
美術デザイン
背景原画
背景作画
<分業>
元請け
一次下請けプロダクション
二次下請けプロダクション
(デジタル化による制作システムの変化)
<音楽>
主題歌
BGM
音楽
効果音
撮影
編集
アフレコ
(AR)
MIXダビング
初号完成
(フィルム、ビデオ)
フリースタッフ
(一部海外からの発注あり)
<映像関連企業>
録音スタジオ
ポスト・プロダクション
CGラボ
現像所
<制作スタッフ関連>
芸能プロダクション
声優プロダクション
<海外制作スタジオ>
アニメプロダクション
CGラボ
(韓国、中国、台湾、インドネシア、タイ、マレーシア、ベトナム、チェコ、アメリカ、フィリピン、カナダほか)
(海外アニメ制作会社との分業体制)

9 アニメの教育機関

政府によるクールジャパン戦略がより強化され、コンテンツ人材の育成のため、文科省はアニメの教育機関と産業界などとのより密接な連携を図ろうとしています。

アニメ教育業界の動向

二〇一〇年から始まった政府の「クールジャパン戦略」。アニメや芸術文化を広く海外へ輸出するため、コンテンツ人材の育成が重要課題となっていました。

そのため文科省は、専修学校、大学および業界団体による産学連携コンソーシアムを活用し、グローバルに活躍するクリエーター、プロデューサーの育成強化を図っています。各種学校において、産業界のニーズにこたえるカリキュラムの開発や、既存就業者に向けたキャリアアップセミナーの開催などで、より実践的で高度な技術を学べる体制が整いつつあります。以前は「アニメを学ぶ」=「専門学校」といった流れが一般的でしたが、いまは選択肢も広がってきています。

大学、高等学校の動向

アニメを学べる大学は四〇校弱ありますが、専門学校に比べて選択肢はまだ少ないです。

しかし、四年間という長い時間をかけて、より幅広い技術や理論を学べるのが強みです。政府の動向を受け、インターンシップを充実させたり、現場で働く人を講師として迎えている大学もあるので、実践的なことも学びやすくなっています。

また、アニメを学べる大学が増えていることを受け、私立高校でもアニメーションコースを設置するところが出てきました。部活動などでアニメの創作活動に力を入れている高校や、デジタルコンテンツ教育の一環として導入している高校もあります。

専門学校、スクールの動向

専門学校やスクールでは、より実践的な技術を学びます。3DCG、イラスト、キャラクターデザインなど、様々な分野に分かれてのコース選択ができます。また、声優に関しては、演劇のコースの中から選択するところや、声優コースのみの専門学校もあります。

ほとんどが二〜三年のコースになっているので、効率的に技術を学び、即戦力として現場に出ることができます。最新鋭の機材を有しているところも多く、高度で専門性の高い学びが可能です。

政府のプロジェクトとの連携により、アニメ制作会社と教育提携を行うところや、海外との交流プロジェクトを行い、留学生を積極的に受け入れる学校も増えてきました。一部では、大学を出た人が編入できるコースを設けている学校もあります。ただし、ここ数年でアニメを学べる専門学校の数は倍増しており、毎年のように新しい学校も設立されています。それだけ人気のある分野ではありますが、少子化の流れの中で、継続的な運営ではまだ未知数の部分が多いのも事実です。

アニメのワークショップ

東京工芸大学は東京工芸大学杉並アニメーションミュージアムと連携し、アニメーション制作の楽しさを体験するワークショップを開催しています。

ワークショップ開催の目的は、アニメーション作りの楽しさをより身近に感じながら、アニメーションの原理や、東京工芸大学の学びにふれてもらうことにあります。

このミュージアムはアニメーション全般を対象に、日本初の博物館として、2005年に杉並アニメ資料館を改称・拡充して開館したもので、アニメ全般を総合的に紹介している展示や企画展のほか、ライブラリー保有作品の上映や、制作の過程を直接体験できる参加型展示など、様々な形でアニメを楽しむことができます。

https://sam.or.jp/

10 アニメーション人材育成調査研究事業

文化庁による「アニメーション人材育成調査研究事業」は、二〇一〇年から二〇一九年まで実施された「若手アニメーター等人材育成事業」などを前身に、二〇年度からスタートした事業で、技術継承プログラムなど三つのプロジェクトで構成されています。

若手アニメーター等人材育成事業

アニメ制作を通した人材育成はこれまで、二〇一〇年度から始まった「PROJECT A」（プロジェクト・エー）と翌一一年度から一四年度にかけて行われた「アニメミライ」、一五年度から一九年度まで続いた「あにめたまご」と、一〇年の歴史があり、二〇年度からは「**あにめのたね**」の愛称がつけられ、作品制作を通しての技術継承プログラムと、就業者を対象とした技術向上教育プログラム、そしてアニメーション業界志願者を対象とした基礎教育プログラムの三つのプロジェクトで構成されています。

人材育成と制作技術の継承

二〇二一年度の文化庁による「**アニメーション人材育成調査研究事業**」の受託制作団体は、イマジカデジタルスケープなど四つの制作会社（スタジオ）で、いずれも若手アニメーターだけでなく、広い年代の、多様な職種のアニメ制作スタッフを対象としたプロジェクトです。また、育成対象も、動画、原画、３ＤＣＧアニメーター、制作進行、演出などにわたっています。人材育成の成果は個々の制作団体だけでなく、成果報告などを通じて広くアニメ業界の中で共有されるものになっています。

デジタル作画による作業効率の向上

二〇二一年度に選ばれた制作会社は作品も多彩で、一九六〇年代から続く老舗から二〇二〇年に設立されたばかりの新進気鋭の制作会社まで社歴もまた多様になっています。

二年連続で採択されたイマジカデジタルスケープは手描きとCGの双方を組み込んだ作品とする計画で、一九六〇年代から続く老舗のスタジオエルは、プリプロからポスプロ、制作進行、演出などの幅広い人材育成を掲げています。

また、二〇二〇年に設立されたばかりのプロダクション・プラスエイチは、オリジナルアニメ『地球外少年少女』を制作中のスタジオで、レスプリは横浜に拠点を持ち、アニメーション制作ソフトを導入し、手描きからデジタル作画、CGなどばらばらになっている作画の作業効率化を目指しています。

いずれの会社にも、基本的には国際市場に通用する高いクオリティを持った作品の制作を目指すことが期待されています。

文化庁委託事業　アニメーション人材育成調査研究事業「あにめのたね」

あにめのたね

ANIMENOTANE 2021

「アニメーション人材育成調査研究事業」では、育成方法について実践的な調査研究を行い、さらに、その調査研究の成果の評価および普及を推進することにより、日本のアニメーション分野の向上と発展に資することを目的としている。

事業内容　①作品制作を通じた　**技術継承プログラム**

事業内容　②アニメーション業界就業者を対象とした　**技術向上教育プログラム**

事業内容　③アニメーション業界志願者を対象とした　**基礎教育プログラム**

一般社団法人日本動画協会 育成プロジェクト事務局
https://animenotane.jp/

世界的現象となった「鬼滅の刃」大ヒット

2020年10月16日に公開された「劇場版『鬼滅の刃』無限列車編」が、記録を塗り替え続けています。公開73日間で『千と千尋の神隠し』の316.8億円を超えて歴代興収1位の記録を塗り替え、2021年5月時点で累計興収400億円超え、日本を含めた全世界での総興行収入は約517億円に及びました。

『鬼滅の刃』は、2019年のアニメ終了後3カ月で原作漫画が倍以上売れる（アニメ放送中：500万➡1200万部、放送終了後から年末：1200万➡2500万部）という異例の盛り上がりを見せました。完売や品薄が相次ぎ、関連ワードがSNSで続々とトレンド入り。テレビで芸能人が発言したり、多くの雑誌その他のメディアに取り上げられたことで、既刊全巻を新たに購入する新規ファン層が急増し、様々なコミックス売上ランキングにおいて『鬼滅の刃』が上位を独占するほどのブームとなりました。拍車をかけたのは、2020年のコロナ自粛期間中の漫画やアニメの巣ごもり消費だといわれています。

話題が話題を呼び、漫画やアニメを一気見した新たな層も、自粛緩和の10月からの劇場公開に殺到。キャラクターグッズや、コラボ商品の展開も成功し、アニメファン以外の層にも幅広く浸透したことで社会現象となりました。

大正時代の山村を舞台に、鬼に家族を殺された少年が、人間を守るため鬼殺隊の仲間たちとともに命をかけて戦う物語は、わかりやすい勧善懲悪もので、RPGのように、1つ敵を倒すと次にさらに強い敵が襲ってきます。常に進化し心身ともに強くなり続けなくてはならない。ひとりでは越えられない壁、勝てない相手にも、仲間と力を合わせることで勝てる。兄妹家族の絆や人間であることの尊さなど、子どもにもわかりやすいメッセージが満載なうえ、心の清らかな主人公の炭治郎をはじめ、鬼殺隊士それぞれのキャラクターや技が圧倒的魅力を放っています。

日本人が潜在的に興味を持つ「鬼」という民俗学的要素や、剣士たちの武士道精神などもヒットの理由だと思います。

「劇場版『鬼滅の刃』無限列車編」では、鬼殺隊最高位「柱」の1人である煉獄杏寿郎が、精鋭の上弦の鬼との壮絶な戦いの末に命を落とします。明朗快活で面倒見のいい豪快な煉獄の最期は圧巻で、煉獄ロスを埋めるためにリピートするファンもいたほどです。

どこまで記録を伸ばすのか、今後も注目の作品です。

第4章

コロナ禍前までの映画製作の歴史と仕組み

映画の劇場入場数は1958年に年間11億2754万人を記録したのがピークで、その後減少を続け、1996年にはピーク時の1割にも満たない1億1957万人まで激減しました。斜陽の原因はテレビの普及やビデオの登場、テレビゲームなど映像コンテンツの多様化、レジャーそのものの変化にあると考えられてきました。

しかし、近年はテレビ局などが企画や人材の面で映画製作に積極的に関わるようになったほか、フィルムコミッションなどを通して、たくさんのボランティアが映画製作の様々な分野に携わったり、クラウドファンディングに協力して製作費の調達を支援するなど、映画復活に向けた新しい仕組みづくりができ上がってきました。さらには、シネマコンプレックスの登場など映画館興行のかたちも変わり、動画配信サービスを通して映画を鑑賞する観客も増えてきました。

1 日本映画の歴史

日本映画の歴史は明治時代にまでさかのぼることができます。一八九九(明治三二)年に、東京歌舞伎座で短編ドキュメンタリー映画が上映されたのが始まりだとされています。

産業としての始まり

翌一九〇〇年には、浅草に日本で初めての映画常設館「浅草電気館」が開設され、着色無声映画が上映されました。そして、一九一二年に既存の映画会社四社が合併して、日本で最初の大手映画会社「日本活動写真株式会社」(日活)が設立され、一九一四年には「天然色活動映画」(天活)も設立されて、本格的な映画製作が始まりました。以来、大正、昭和と、映画は機材の進歩に合わせて、娯楽産業での地位を確立していきます。

戦後、松竹、東宝、東映、大映、新東宝、日活の大手映画会社は、**撮影所システム**＊や**ブロック・ブッキング**＊など、製作から配給、興行までの一貫した体制を作り上げていきました。

年間一〇億人を超える入場者

一九五七年から六〇年にかけての最盛期には、映画館の数が七〇〇〇を超え、映画館への入場者数も年間一〇億人を超えていました。松竹、東宝、東映、大映、日活の五社が、それぞれの週に二本から三本、年間で約一〇〇本の映画を製作し、配給していました。一九六〇年には、五四七本の邦画が公開され、邦画は公開本数の八〇％近くを占めていました。

製作された映画は、直営館・系列館などで封切られ、全国の二番館、三番館へと配給されていったのです。

当時は専属契約によって、監督も映画俳優も他社の作品の監督や出演は禁止されていました。

用語解説

＊撮影所システム　4-2節参照。
＊ブロック・ブッキング　4-2節参照。

一〇年間で入場者数が八割減少

一九六一年に入り、テレビの普及が原因で、映画館の入場者数が急激に減少してきました。しかし、映画界ではこのとき、俳優のテレビ出演を禁止する「五社協定」を結ぶ程度で、入場者数減少に対する抜本的な対策は何ひとつ講じていませんでした。さらに、興行収入の減少分を入場料の値上げでカバーしようと、毎年のように入場料を値上げしたために、それが原因でまた入場者数が減るという悪循環に陥りました。

各社が揃って業績不振に陥る中、一九七〇年には大映と日活がそれぞれブロック・ブッキングから撤退し、配給部門を統合してダイニチ映配という会社を作って配給業務を開始しました。しかし、その試みも両社の再生には結び付かず、同社は一九七一年に清算され、日活はロマンポルノ路線に転向し、大映は一九七一年一二月に倒産しました。また、東宝は製作部門を切り離して子会社化し、東宝映画株式会社を設立しました。

日本映画の近年の流れ①

年	スクリーン数（うちシネコン）	公開本数			入場者数
		邦画	洋画	合計	
西暦	数	本	本	本	千人
2007	3,221(2,454)	407	403	810	163,193
2008	3,359(2,659)	418	388	806	160,491
2009	3,396(2,723)	448	314	762	169,297
2010	3,412(2,774)	408	308	716	174,358
2011	3,339(2,774)	441	358	799	144,726
2012	3,290(2,765)	554	429	983	155,159
2013	3,318(2,831)	591	526	1,117	155,888
2014	3,364(2,911)	615	569	1,184	161,116
2015	3,437(2,996)	581	555	1,136	166,630
2016	3,472(3,045)	610	539	1,149	180,189
2017	3,525(3,096)	594	593	1,187	174,483
2018	3,561(3,150)	613	579	1,192	169,210
2019	3,583(3,165)	689	589	1,278	194,910
2020	3,616(3,192)	506	511	1,017	106,137

日本映画の低迷続く

日本映画の低迷は、一九九〇年代前半まで続きました。映画館の数が一九九三年には一七三四館と最盛期の五分の一まで減少し、邦画の公開本数も二三〇本まで減少、入場者数も一九九六年には一億一九五七万人と過去最低を記録しました。この間、映画会社の経営状況にも格差が生じてきました。

ポルノに路線変更した日活は、その後、社名を「にっかつ」に変更して再起を期したものの、一九九三年に会社更生法の適用を申請して倒産しました。

松竹は二〇〇〇年に本社ビルと大船撮影所を売却し、映画製作は他社のスタジオを賃借して進めながら、洋画を中心とする配給事業の強化とシネマコンプレックスの本格的な展開に取り組んでいます。

一方、東宝は前項でも述べたように、製作面で経営改善を進める一方で、会社経営においては、都心部にある優良社有地の積極的な再開発計画に取り組み、安定した経営体制を敷いてきました。

新しい経営者による再生の時代

東映もまた、積極的に新規事業を展開し、映像事業においても、アニメやVシネマ*など、いろいろなメディアのコンテンツ製作を進めていきました。

また、倒産した大映や日活では、新しいスポンサーの手による再生も行われました。

大映は一九七四年に徳間書店の手によって再生を果たし、その後、二〇〇三年には営業権が角川書店（現KADOKAWA）に譲渡され、現在の角川映画に変わりました。

日活は一九九三年に 本社と一〇〇%子会社の七社が倒産し、現在は日本テレビ放送網が筆頭株主となり撮影所事業などを行っています。

かつての大手五社の中で、現在もブロック・ブッキングを維持しているのは、東宝と東映の二社だけとなりました。また、現在配給されている日本映画の八割近くは、中小の映画プロダクションの手によって製作され、配給も大手映画会社の配給部門のみならず、多くの独立系配給会社によって行われています。

＊**Vシネマ**　ビデオレンタル市場での流通を前提として製作された映画。

リスクの分散を図る

最盛期には、製作から配給、興行まで、親会社の強い影響力のもとで一つにまとまってきた大手映画会社も、業界全体が業績不振に陥ると、親会社が一社単独でリスクを負うかたちから、製作、配給、興行のそれぞれの段階において分社化を進めるなど、リスクの分散を図りながら経営を維持する方向に向かい始めました。

映画業界は、製作、配給、興行の順でリスクが軽減されていくといわれています。その半面、大ヒットした場合には、興行、配給、製作の順にリターンが大きくなっていきます。つまり、製作会社がハイリスク・ハイリターンになる構造になっていることから、親会社の責任ということで、製作部門を抱えてきたのです。

しかし現在は、製作、配給、興行が、それぞれ別々の会社で進められるようになり、また映画会社一社の製作ではなく、テレビ会社や広告代理店も参加する製作委員会方式が増えてきたことからも、映画会社の親会社のリスクは軽減され、かつ影響力も低下してきたのです。

日本映画の近年の流れ②

年	興行収入			平均料金	シェア	
	邦画	洋画	合計		邦画	洋画
西暦	百万円	百万円	百万円	円	%	%
2007	94,645	103,798	198,443	1,216	47.7	52.3
2008	115,859	78,977	194,836	1,214	59.5	40.5
2009	117,309	88,726	206,035	1,217	56.9	43.1
2010	118,217	102,521	220,737	1,266	53.6	46.4
2011	99,531	81,666	181,197	1,252	54.9	45.1
2012	128,181	67,009	195,190	1,258	65.7	34.3
2013	117,685	76,552	194,237	1,246	60.6	39.4
2014	120,715	86,319	207,034	1,285	58.3	41.7
2015	120,367	96,752	217,119	1,303	55.4	44.6
2016	148,608	86,900	235,508	1,307	63.1	36.9
2017	125,483	103,089	228,572	1,310	54.9	45.1
2018	122,029	100,482	222,511	1,315	54.8	45.2
2019	142,192	118,988	261,180	1,340	54.4	45.6
2020	109,276	34,009	143,285	1,350	76.3	23.7

2 撮影所システムとブロック・ブッキング

かつての映画会社は、俳優やスタッフを自社の社員として雇用し、自社の撮影所で映画を製作し、直営や全国の系列映画館で上映する、という一連の流れを作ってきました。

撮影所システムの仕組み

撮影所システムでは、製作部に所属する社員のプロデューサー、もしくは企画部の社員が企画案を作り、それを役員会に提出したり社内稟議（りんぎ）にかけて、承認された段階で撮影所の組織に下ろされて製作に入る、という仕組みです。製造業における本社と工場のような関係で、本社段階で、製作予算や興行収入の目標、主役の俳優や監督、スケジュールなどが決まると、現場の撮影所では、スケジュールを調整しながら撮影に入ります。

年間一〇〇本以上が製作されていた時代では、同時に二本から三本の作品が作られていたために、撮影所内では、セットの使い回しやスタッフ、機材の兼用など、効率的なシステムが必要になっていました。

配給部から系列の映画館へ

完成したフィルムは、同じ社内の「配給部」に回され、全国の系列の映画館で独占的に公開されます。

映画館では、あらかじめ公開の初日と最終日を決めて興行をします。これを**ブロック・ブッキング**といいます。興行形態については4-5節で詳しく解説しますが、映画会社は、フィルムを回す順番で「一番館」「二番館」と区分しながら上映し、映画館から上がる収入を本社に還流し、それがまた次の作品を作る資金になっていきます。

このように、撮影所システムとブロック・ブッキングが日本映画の全盛時代を支えてきた一つの経営システムだったのです。

インディペンデント会社の出現

製作、配給、興行を、それぞれの部門で独立して行う会社のことを、**メジャー**(大手)に対して**インディペンデント**(独立系)と呼んでいます。一九七〇年代に入り、映画が斜陽の時代を迎えると、大手映画会社のほとんどが、製作部門を切り離して経営の再構築にあたったために、撮影所システムが崩壊し、インディペンデント系の製作会社や配給会社が増加しました。さらに、興行面では、ブロック・ブッキングによる公開本数が減少したことから、映画館の中には、系列を離れて、自由に番組と期間が組める**フリー・ブッキング**に移行するところが増え、インディペンデント系の映画の公開機会が増えたことも要因になっています。

また、これまで社員だった映画プロデューサーが独立してフリーランスになるなど、プロデューサーの役割も大きく変わってきました。配給会社が製作費を負担するかたちや、共同出資による製作委員会なども増加し、メジャーとインディペンデント、製作会社と配給会社といった区分もあいまいになってきました。

映画撮影所の一般的な組織図

取締役会
- 社長
  - 専務
    - 常務
      - 取締役
        - 管理部
          - 総務課
          - 経理課
        - 映像部
          - 製作課
            - 演出部、製作部、撮影部、調音部、照明部、特機部、録音部、編集部、記録部、衣装部、美術部、メイク、装飾部、大道具
          - 企画課

3 映画ビジネスの基本

映画ビジネスにおいても、ヒットする映画を製作して入場料や版権使用料などの収入を集め、製作に要した資金を回収するとともに、利益を確保して次回作の原資とすることが基本になります。

製作と制作の違い

映画産業には昔から、「製作と制作は違う」という考え方があります。**製作**とは、企画開発して、資金を集めて、作品を作り、それを商品として販売し、利益を上げるという、ビジネスの全体工程を指しています。

一方の**制作**は、作品を作って、商品に変えるという工程を指しています。つまり、配役やスタッフを決めて、シーンごとの撮影場所を決めて、セットを作り、撮影に入り、フィルムを現像して、音楽や効果音などを付け、編集して一本の原版を作るまでの工程です。

その後、そのフィルムを焼き増しして、映画館に配給したり、テレビで放映したり、DVDを作ったりして、収入を計上するまでが「製作」なのです。

一作品の単位収支が問われる

古くから、「興行は水もの」と呼ばれています。映画も同様で、映画館での客の入りや、その後のDVD販売など二次利用による収入見込みについては、不確実で、フィルムの封を切ってみないと始まらないといわれ続けてきました。

映画が大手一社の手により、またその会社の独自の資金調達によって製作されていた頃は、一本の作品の評判が悪くても、併映された他の作品でカバーしたり、次回作で挽回（ばんかい）できればいい、という考え方になっていました。しかし、共同製作・共同出資が増えてきた現在では、**リクープ**（資金の回収）が大前提となり、一作品の収支バランスが厳しく問われてきます。

資金調達とリクープの基本

他のビジネスと同様に、映画製作における必要資金の基本的な調達方法は、自己資金と融資、出資の三とおりになります。

製作された映画は、配給部門から映画館に回り、上映されて発生した売上は本社に回収され、次の作品を作る**自己資金**へと回されます。しかし、資金の回収（リクープ）から次の作品の上映までの間の運転資金が必要な場合や、次回作の製作費が自己資金だけでは不足する場合には、融資や出資を受けます。

融資には、映画会社に対する融資（コーポレート・ファイナンス）と、映画作品に対する融資（プロジェクト・ファイナンス）があり、**出資**も同様に、映画会社あるいは配給会社に対して、年間の製作予定作品を一つのパッケージにしてファンドを募ったり、一本の映画作品に限定したファンドを造成したりします。1-4節でも述べたように、最近は、一社単独ではなく共同出資による製作が増え、収益は出資者への償還や配当（これもリクープという）に回されます。

映画製作の収支構造*

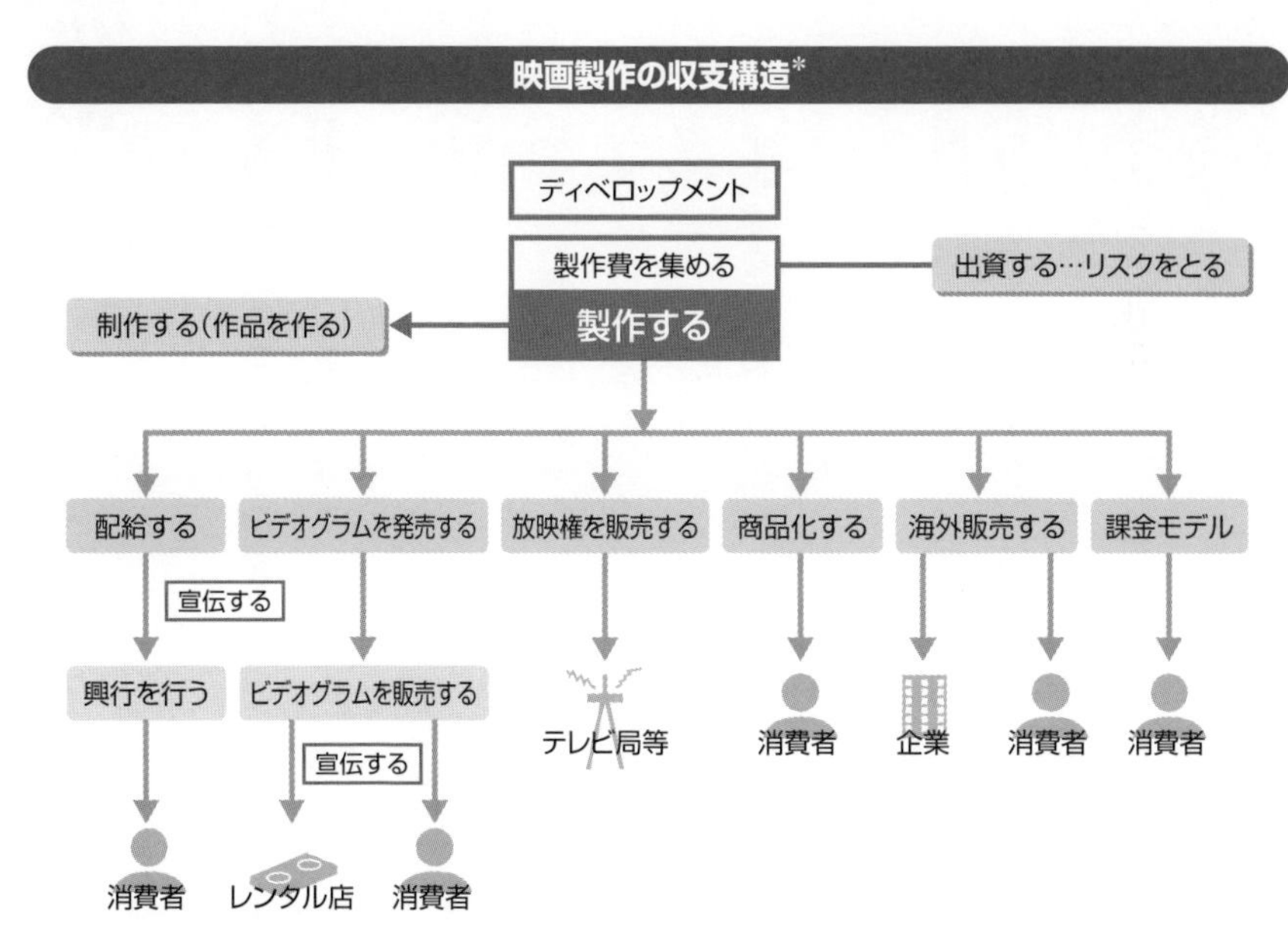

＊**映画製作の収支構造**　「コンテンツ・プロデュース機能の基盤強化に関する調査研究：映像製作の収支構造とリクープの概念」（経済産業省）より。

4 映画製作の基本工程

映画製作の工程は、ディベロップメント(企画開発)、プリ・プロダクション、プロダクション(撮影)、ポスト・プロダクションと大きく四段階に分けられ、多くの会社や個人が参画します。

ディベロップメント(企画開発)

多くの映画作品は、映画会社の企画部やプロデューサーが企画を立て、企画にふさわしい監督を人選するかたちで進みますが、テレビドラマの映画化や小説・漫画原作の映画化の場合には、テレビ会社や出版社、広告代理店が企画を立て、映画会社に持ち込む場合もあります。また、独立系会社などでは、監督や脚本家からやりたい企画が提案され、それを受けてプロデューサーを人選することもあります。

企画の可否を決めるのは、その作品のウリがどこにあるかです。ヒット作の実績がある監督の名前をウリにするのか、あるいは主演者なのか、原作なのか。オリジナルであれば、企画の新奇性が問われます。

プリセールス

その企画が市場性のあるものかどうかの検討と調査が行われ、監督、脚本家、メインキャストなどのイメージができ上がった段階で、最初の企画書が作られます。この企画書をもとに、製作資金の調達や、スタッフ・キャストの人選、配給会社への打診など、一連のプリセールスが行われます。

企画骨子がほぼ確定した段階で脚本を作成しますが、この段階でも、原作者からの了解や監督との作品イメージに関する打ち合わせや調整、主演者の脚本に対する希望の聞き取り、**ロケ***地候補などの調整が行われます。それぞれの調整にメドが立った時点で、企画書のバージョンアップが進みます。

用語解説

* **ロケ**　ロケーション撮影の略。撮影所やスタジオ以外で行う撮影。

制作予算見積書と作品収支表の作成

　脚本の第一稿が上がった頃から、制作予算見積書の内容が見えてきます。つまり、キャストの数やシーンの数によって、撮影の期間や場所、セットの大小、かかる予算などがイメージされてくるのです。

　同時に、**作品収支表**、とりわけ収入目標というものが設定されます。映画製作の基本がリクープにあることは前にも述べたとおりですが、いい企画であっても、本当にその企画を実現するには、どのくらいの経費がかかり、それに費やした資金を回収するにはどのくらいの収入目標を立てなければならないか、ということを明らかにしなければなりません。

　そして、綿密なマーケティング調査により、収支の可能性を盛り込み、この企画であればどのくらいの利益を期待できるかが確認されれば、次は資本の構築（制作費の調達）に移るのです。

　また、出資以外に、企業とのタイアップやフィルムコミッションからの支援などについても、ディベロップメントの段階で決められていきます。

主なプリ・プロダクション作業

①予算見積書の作成
②スタッフィング
③キャスティング
④脚本作業（決定稿、撮影稿）
⑤業者関係の手配、保険の加入
⑥ロケハン、ロケとスタジオ撮影の選択
⑦各打ち合わせ、本読みなど
⑧経理業務（外部会社）、予算のチェック
⑨タイアップ、協賛の交渉
⑩オールスタッフ打ち合わせ、おはらい

企画開発の重要事項

①企画立案
②企画のマーケティング
③監督候補、脚本候補、キャスト候補の選出
④プロットの作成
⑤脚本作業
⑥企画書の作成
⑦制作予算見積書、作品収支表の作成
⑧資本構築
⑨メインスタッフィング
⑩制作請負契約の締結

5 映画の収益構造

最近の映画の収支構造には決まった仕組みはなく、資金調達の方法なども一本一本の作品によって異なり、収支モデルもそれぞれ異なっています。

多様化する映画ビジネスとその収入

かつて映画収入の基本は興行収入一本でした。その後、テレビやビデオ、インターネットなどの新しいメディアの発達に伴い、版権のマルチユースといわれるように、テレビの放映権やＤＶＤの商品化による二次使用の料金などが生まれてきました。

また、二次使用は個人向けのＢｔｏＣおよびレンタルショップその他のＢｔｏＢなど多彩になり、テレビ放映においても、地上波だけでなく、ＢＳやＣＳ、ケーブルテレビやインターネットによる動画配信サービス、さらにはテレビＣＭでの版権使用なども増えています。このような二次使用の拡大により、製作委員会など出資者の顔ぶれも変わってきました。

キャラクター使用や課金ビジネス

最近はこれらに加えて、アニメであればキャラクターグッズ、実写でも原作本やシナリオ本、映画グッズなどの販売収入や、海外の配給会社への販売、リメイク権収入などがあります。

課金ビジネスでは、ペイパービューやインターネット配信などがあり、またデジタル化された地上波テレビによる新しい課金ビジネスが考えられるなど、今後、ますます拡大が期待されています。

映画を切り口とした地域振興として、ロケ支援などのタイアップのほか、**ご当地映画**というかたちで、自治体や地方の企業が映画に出資し、観光資源開発の一環として映画を活用しているところが増えています。

映画会社の多角的な組織

映画ビジネスの多様化に伴い、映画会社の事業部門も多角化してきました。

従来は配給と映画館経営が中心だった映画会社の事業部門も、最近は、事業展開に合わせて専門の営業部を新設したり、関連会社を起こしたりして、多角化に取り組んでいます。

近年の標準的な映画会社の事業部門の組織では、配給事業と放映権の販売を「映画営業部」、映画館経営を「映画興行部」、ビデオの発売や製作、キャラクターグッズの販売、出版などを「映画事業部」、テレビ番組の制作を「テレビ部」、その他、版権収入やタイアップ収入に関する事業については「映画ライセンス事業部」が担当するなど、専門セクションを設けているところが増えています。

収入計画の策定にあたっては、興行の第一次使用と、テレビ放映権やビデオ販売などの第二次使用を、すべて合算して総予算を決めていることから、映画会社では各部の業務を調整するセクションを設けています。

映画製作の収益構造

1　劇場公開ファーストラン

6カ月～1年後

2　パッケージ（DVDセル）

3　パッケージ（DVDレンタル）

6カ月後

4　有料放送　PPV、BS、CS

1年後

5　無料放送　地上波

（順番が異なることもある）

興行収入の計算

興行収入とは、基本的には**入場料収入**であり、「入場料×有料入場者数」で算出されます。

一九九九年までは配給収入が興行成績の統計に使われていましたが、二〇〇〇年からは欧米の基準に合わせて、入場料収入で表しています。

映画会社の直営館であれば、すべてが会社の収入として計上されますが、系列館や契約館では、入場料収入を興行主（映画館）と配給側とで分割します。

その割合は、作品によりケース・バイ・ケースですが、平均的には半々になっているといわれています。入場料が一八〇〇円であれば、九〇〇円が映画館の収入で、残りが**配給収入**となります。

次に、この配給収入からプリント費と宣伝費（P&A費）が必要経費として、出資者へリクープされる前に差し引かれます。これを**トップオフ**といいます。

根拠としては、各劇場に配布するフィルムのプリント費と宣伝費は、一般的には配給する会社が立て替えているという考え方があります。

例えば、興行収入が四〇億円で、配給収入が二〇億円、P&A費が五億円かかったとすれば、五億円は配給した会社が立て替えた資金であることから、配給収入の二〇億円から五億円がトップオフされた残高一五億円に対して**配給手数料**が設定されます。

仮に、配給手数料を二〇%とした場合には、一五億円×二〇%の三億円が配給会社の取り分になります。最終的には、残りの一二億円が、この作品の製作会社（出資者）の取り分となります。四〇億円の売上があった映画作品では、そのうちの一二億円が製作会社に残る計算になります。

契約によっては、配給手数料とP&A費を同時に配給収入から差し引くケースもあります。つまり、配給収入二〇億円×二〇%とP&A費五億円を差し引く場合です。この場合には、一一億円が製作会社に残る計算になります。

いずれしても、製作・配給・興行それぞれの按分（あんぶん）方法は、製作総予算や出資割合によって異なります。

ビデオ化の収入

ビデオ化の場合には、「別に発売元があって、映画製作者はロイヤリティだけを受け取る」方法と、「映画製作者自らが製作・発売して、小売店などに卸す」方法があります。また、商品には個人向けのセル商品とレンタル店用の二種類があり、上代価格（じょうだい）*の設定やロイヤリティの算出も別々に行われます。

前者の方法では、あらかじめ消費者が支払う上代（定価）に対して、版権使用のロイヤリティの率を定め、発売元から、製作した数量に応じて徴収します。

一方、後者の方法では、他の商品販売と同様に、製作者➡発売元➡販売元➡小売店➡消費者という形態になるため、流通の各段階で、それぞれにマージンが計上されます。例えば、定価を一〇〇%とした場合、販売元から小売店には七五%掛け、発売元から販売元にも定価の五〇%掛けなどのように取引されます。発売元と映画製作者はほぼ同じですが、発売元の原価には、監督や脚本家などに支払う二次使用に関する著作権の印税などが含まれます。

テレビの放映権収入

テレビ媒体の種類により、「地上波放映権」と「BS波放映権」「CS波放映権」「ケーブルテレビ放映権」のパターンがあります。

フィルムの配給と同様に、映画会社の配給部や配給会社が放送局に営業をかけて、作品を買ってもらうというかたちになります。この場合、配給会社には販売手数料が入ります。その率については、映画の興行収入が基準となっています。つまり、映画がヒットすれば、テレビの視聴率も上がり、テレビの媒体価値も上がるからです。ちなみに**地上波放映権**の売値は、配給収入の一〇%くらいが目安となっていて、配給収入が一〇億円あったとしたら、放映権利は一億円が目安となっています。なお、テレビ局ではこの放送枠を、広告代理店などを通してスポンサーに販売します。

BSやCS、ケーブルテレビなどの有料放送では、テレビの配信料によってロイヤリティの料率を定めたり、映画作品をまとめて購入し、その総額で契約するなど、いろいろな形態の契約となっています。

用語解説

***上代価格**　小売希望価格のこと。

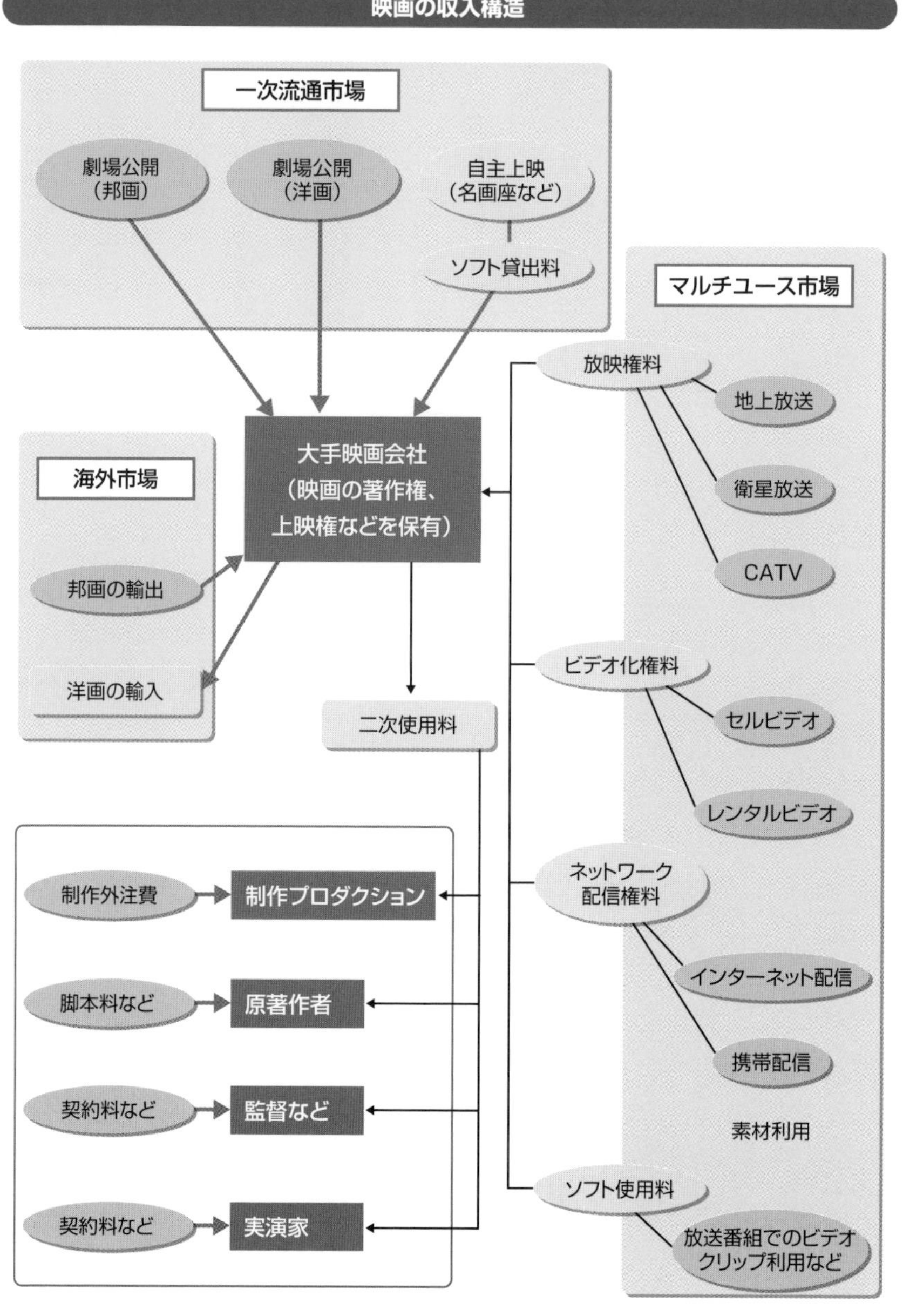
映画の収入構造
一次流通市場
劇場公開（邦画）
劇場公開（洋画）
自主上映（名画座など）
ソフト貸出料
マルチユース市場
放映権料
地上放送
衛星放送
CATV
大手映画会社（映画の著作権、上映権などを保有）
海外市場
邦画の輸出
洋画の輸入
二次使用料
ビデオ化権料
セルビデオ
レンタルビデオ
ネットワーク配信権料
インターネット配信
携帯配信
素材利用
ソフト使用料
放送番組でのビデオクリップ利用など
制作外注費
制作プロダクション
脚本料など
原著作者
契約料など
監督など
契約料など
実演家

収支見積書（例）*

[作品名]　『xxxx』　○○組

[収支見積の前提条件]

公開予定時期	2012年12月
ビデオグラムリリース予定時期	2022年7月

劇場配給収入	1,800円平均、30万人		劇場外配給収入		
レンタルビデオ	16,000円平均	10,000本	セルビデオ	5,800円平均	1,000本
レンタルDVD	10,000円平均	12,000枚	セルDVD	4,800円平均	7,000枚
地上波放映料			BS·CS放映料		
海外輸出収入			パンフレット·マーチャンダイジング		

●プロジェクト全体収支

売上	前提条件と算式
劇場配収	単価×入場者数×50%
レンタルビデオ収入	単価×本数×45%
セルビデオ収入	単価×本数×45%
レンタルDVD収入	単価×本数×45%
セルDVD収入	単価×本数×45%
地上波放映権販売	
CS放映権販売	衛星劇場/日本映画衛星/Vパラダイス他
BS放映権販売①（A社……BSD込）	配収の5%として
BS放映権販売②	配収の2%として
BSD放映権販売①（A社除く）	配収の1%として
BSD放映権販売②	配収の1%として
海外輸出収入	
パンフレット	単価×入場者数の5%×5%
マーチャンダイジング	CD他
売上小計	①

仕入	前提条件と算式
制作費	
劇場P&A	
商品製造費（カセット）	単価×本数
商品製造費（DVD）	単価×本数
音楽印税（JASRAC）/レンタルビデオ	販売高×1.75%
音楽印税（JASRAC）/セルビデオ	販売高×1.75%
音楽印税（JASRAC）/DVD/レンタル	販売高×1.75%
音楽印税（JASRAC）/DVD/セル	販売高×1.75%
音楽印税（JASRAC）上映	定額
作品印税（原作／監督／脚本）/レンタルビデオ	販売高×5.25%
作品印税（原作／監督／脚本）/セルビデオ	販売高×5.25%
作品印税（原作／監督／脚本）/DVDレンタル	販売高×5.25%
作品印税（原作／監督／脚本）/DVDセル	販売高×5.25%
A）ビデオグラム販売手数料	各ビデオグラム売上額の20%
B）地上波販売手数料	販売額の20%
C）CS販売手数料	販売額の20%
D）BS販売手数料（A社除く）	販売額の20%
E）BSD販売手数料（A社除く）	販売額の20%
F）海外番組販売手数料	販売額の20%
G）配給手数料	配給収入の10%
H）幹事手数料	売上の5%
ビデオ宣伝費等	
ビデオマスター製造費	
成功報酬	リクープ後（制作会社へ）5%
仕入小計	②
プロジェクト粗利額	①−②

注：「前提条件と算式」の欄に記入した%の数値は一般的なもので、作品によってこの数値は変わる。

＊**収支見積書（例）**　「コンテンツ·プロデュース機能の基盤強化に関する調査研究」（経済産業省）を参考に修正。

6 映画の支出構造

映画の製作にあたっては、企画書に必ず制作予算見積書の添付が求められます。複数の出資者による製作委員会方式が増え、予算規模と投資額、リクープの見込みなどによって企画の可否が決まるからです。

制作費

制作費として計上される科目とその内容は、大きく分けて次のようになります。

- **企画開発費**：原作、脚本、台本印刷、企画行動費など
- **音楽費**：作曲費、演奏費、音楽著作権費など
- **フィルム費**：生フィルム費
- **現像費**：ネガ現像、ラッシュ、初号プリントなど
- **機材費**：撮影機材費、特機機材費、照明機材費、録音機材費
- **ダビング費**：スタジオ費、ドルビー仕上げ費など
- **編集費**：編集室費用など
- **衣装費**：スタイリスト人件費、制作買い取り費、レンタル費など
- **美粧費**：メイク人件費、材料費
- **ロケハン費**：食費、交通費、車両費、雑費など
- **カメラテスト費**：機材費、食費、雑費など
- **ロケ費**：車両費、特殊車両費、劇用車代、車修理代、高速代、燃料代、駐車場代、通信費、運搬費、郵便費、タクシー代、エアー代、海外宿泊費、食費、ロケ地レンタル代、コーディネイト料、雑費など
- **スタジオ費**：建て込みレンタル費、冷暖房費、スタッフルーム代など
- **美術費**：装置費、ロケ加工費、行動費など
- **装飾費**：出道具レンタル費、持ち道具レンタル費、装飾人件費など

・**特殊効果費**：特殊美術費、特殊造形費、特殊効果費（操演）など
・**特殊撮影費**：特殊撮影（ブルーバック）、特殊監督人件費、CGハード代など
・**動物費**　：動物費、人件費
・**保険費**　：傷害保険費、損害保険費、フィルム保険費など
・**制作宣伝費**：スチールフィルム費、予告編制作費、現場宣伝費など
・**その他制作費**：タイトルデザイン費、映倫審査費、仕上げ雑費、仕上げ交通費、仕上げ食費など
・**スタッフ費**：プロデューサー、監督、助監督、撮影、照明、録音、美術、編集、制作、記録、殺陣（たて）、通訳など
・**俳優費**　：メインキャスト、キャスト、スタント、エキストラなど
・**予備費**　：撮影予備費
・**間接費**　：制作会社の利益

出資者が出資する対象の経費が、ほぼこの制作費に充当されます。

制作費以外の経費と分配について

前記の制作費以外の経費で大きな科目は、劇場P&A（プリント費・宣伝費）と、ビデオソフトの音楽印税（JASRACなど）や作品印税（原作、監督、脚本）などです。

また、収入計画では二次使用権などすべての収入科目を計上しますが、それぞれの段階において発生する人件費や作業費、営業原価などの支出は、各段階で計上される手数料やマージンから支払われるため、作品における収支表では、販売手数料一本で計上されます。例えば、テレビ局に対して放映権を五〇〇〇万円で販売した場合には、五〇〇〇万円×手数料率の金額を計上しています。

基本的には、全収入額から制作費や販売手数料などを差し引いた残りが、プロジェクト粗利として出資者に分配されるわけですが、二次使用を前提とした興行は昔もいまも「水もの」と呼ばれていることから、リクープ後の剰余金から、成功報酬として、制作会社に経費が支出される場合もあります。

予算見積書の科目明細（例）①*

科目	費目	科目	費目
企画開発費	原作、脚本、台本印刷他	スタジオ費	建て込み、電力他
音楽費	作曲料、演奏料、音楽著作権他	美術費	装置費、ロケ加工他
フィルム費	生フィルム	装飾費	人件費含む
現像費	ネガ現像、ラッシュ、初号プリント他	特殊美術費	特殊造形、特殊メイク、ガンエフェクト他
機材費	撮影機材費	特殊撮影費	人件費、インフェルノ編集含む
	特機機材費	動物費	
	照明機材費	保険費	一式
	録音機材費	その他の製作費	タイトル、映倫他
ダビング費	ドルビーまたはDTS仕上げ	スタッフ費	プロデューサー　○名
編集費	インフェルノ除く		監督　○名
衣装費	スタイリスト人件費含む、制作、買取り		助監督　○名
美粧費	メイク人件費含む、材料費		撮影　○名
ロケハン費	国内、海外ロケハン		照明　○名
カメラテスト費	2日間カメラテスト		録音　○名
ロケ費	車両費		美術　○名
	特殊車両費		編集　○名
	劇用車		制作　○名
	車修理代		海外人件費
	高速代		その他（記録、通訳他）
	燃料代	俳優費	メインキャスト
	駐車場代		キャスト
	通信費		スタント
	運搬費、郵便費		エキストラ
	タクシー代		演技事務行動費
	エアー代		キャスト雑費
	海外宿泊費	予備費	
	食費	間接費	
	ロケ地レンタル代	合計	
	コーディネート料	消費税	
	雑費	総計	

＊…**科目明細（例）①②**　「コンテンツ・プロデュース機能の基盤強化に関する調査研究」（経済産業省）より。

予算見積書の科目明細（例）②*

科目	費目
企画費	企画開発費
	原作料
	脚本費
	脚本印刷費
	翻訳料
	プロデューサー雑費
	専門サービス報酬
	計
俳優費	メインキャスト費
	サブキャスト費
	俳優関連経費
	計
プロデューサー費	プロデューサー
	エグゼクティブP
	ラインP
	アソシエイトP
	アシスタントP
	計
監督報酬	監督
	監督行動費
	計
スタッフ費	チーフ助監督
	セカンド助監督
	サード助監督
	フォース助監督
	撮影技師
	チーフ撮影助手
	セカンド撮影助手
	サード撮影助手
	照明技師
	チーフ照明助手
	セカンド照明助手
	サード照明助手
	フォース照明助手
	フィフス照明助手
	録音技師
	チーフ録音助手
	セカンド録音助手
	サード録音助手
	美術
	チーフ美術助手
	セカンド美術助手
	大道具
	装飾
	チーフ装飾助手
	セカンド装飾助手
	サード装飾助手
	小道具（持道具）
	記録
	製作担当
	製作主任
	製作進行
	進行助手
	製作経理
	人件費予備費
	計
エキストラ費	エキストラ費
	計
諸雑費	保険料
	映倫審査費
	撮影所ルーム費
	スチール費
	製作宣伝費
	製作諸雑費
	計

科目	費目
ロケーション費	宿泊費（メイン）
	宿泊費（メイン以外）
	交通費（メイン）
	交通費（電車など）
	交通費（タクシー）
	食費（朝、昼、夜）
	食費（つなぎ、夜食）
	ロケ車両費
	劇用車
	動物費
	車両ガソリン費
	高速費
	駐車場費
	備品レンタル費
	空撮費
	通信費（携帯など）
	ロケ謝礼費
	道路使用申請費
	雑費
	備品購入費
	ロケハン費
	計
美術費	美術装置費
	スタジオレンタル費
	美術雑費
	装飾レンタル費
	装飾購入費
	装飾雑費
	小道具レンタル費
	小道具購入費
	小道具雑費
	計
衣装費	衣装費
	計
メイク費	メイク費
	計
VFX関連費	VFXプロデューサー
	VFX監督
	製作費
	計
機材関係費	撮影機材費
	撮影消耗品費
	特機費
	照明機材費
	照明用ハイライダー費
	照明用ゼネ費
	照明消耗品費
	録音機材費
	録音消耗品費
	計
ポストプロおよびフィルム現像費	編集費
	タイトル費
	録音スタジオ費
	ドルビー等使用料
	仕上げ雑費
	音楽費
	撮影用フィルム代
	現像費
事務所経費	
完成保証費	
予備費	
総合計	

7 映画の資金調達と映画ファンド

近年、デジタル技術の革新や表現の高度化、海外市場での展開などから、制作費が増加傾向にあります。制作費数十億円という作品もある一方、制作会社の大半は中小企業で、資金調達は困難を極めています。

映画は水もの

中小制作会社の経営基盤は強固とはいえず、担保となる不動産などの経営資源もほとんどないに等しい状況です。「映画会社にあるのは情熱だけ」と揶揄(やゆ)されることもままあり、金融機関からの資金調達は困難な状態が続いています。映画産業に対しては、「興行の世界だけに映画は水もの」という認識が強く、過去に何社も倒産した事例があるため、従来の、金融機関からの融資は敬遠されがちです。また、企画においてもマーケティングの視点からの検討が優先されています。

そのため、映画制作会社には、確実に売れる作品づくりとリクープを保証するための制作コスト抑制が要求され、作品の質との間でジレンマになっています。

資金調達の現状と問題点

すでに述べてきたように、今日では映画製作が一社単独で行われるケースはほとんどなく、映画のマルチユース関連会社による共同出資という方式の採用が圧倒的に多くなっています。

この場合、出資者は不特定多数ではなく、版権使用関連の特定少数に限定され、著作権も製作委員会の共有になり、制作会社は委員会からの下請け会社という位置付けとなっています。

資金調達もほとんどが出資会社に依存し、投資額の決定も、リクープ可能な金額を試算し、なるべくリスクを負わないことを前提としているために、ベンチャー的な投資の意識は薄らいできています。

一般投資家からの調達を目指して

映画の制作会社が下請け化し、出資者からの干渉も大きくなり、また共同製作によって責任の所在も曖昧になってくると、かつてのように予算を度外視した超大作を制作する意欲も薄れ、映画作品の制作もいわゆる安全パイに走りがちになります。そのため、制作者は、金融機関や一般投資家からの資金を簡単に調達できる環境の整備を期待しています。具体的には、

①商品ファンドの形成による調達
②投資ファンドによる資金調達
③完成保証を活用したハリウッド型の資金調達

などの検討が行われています。

最近は、ファンドを活用し、映画の制作会社あるいは一本の映画作品を投資の対象として、投資家から資金を集め、興行収入やDVDの販売、テレビ放映権料などから利益を投資家に分配する仕組みが、よく導入されています。

映画の資金調達

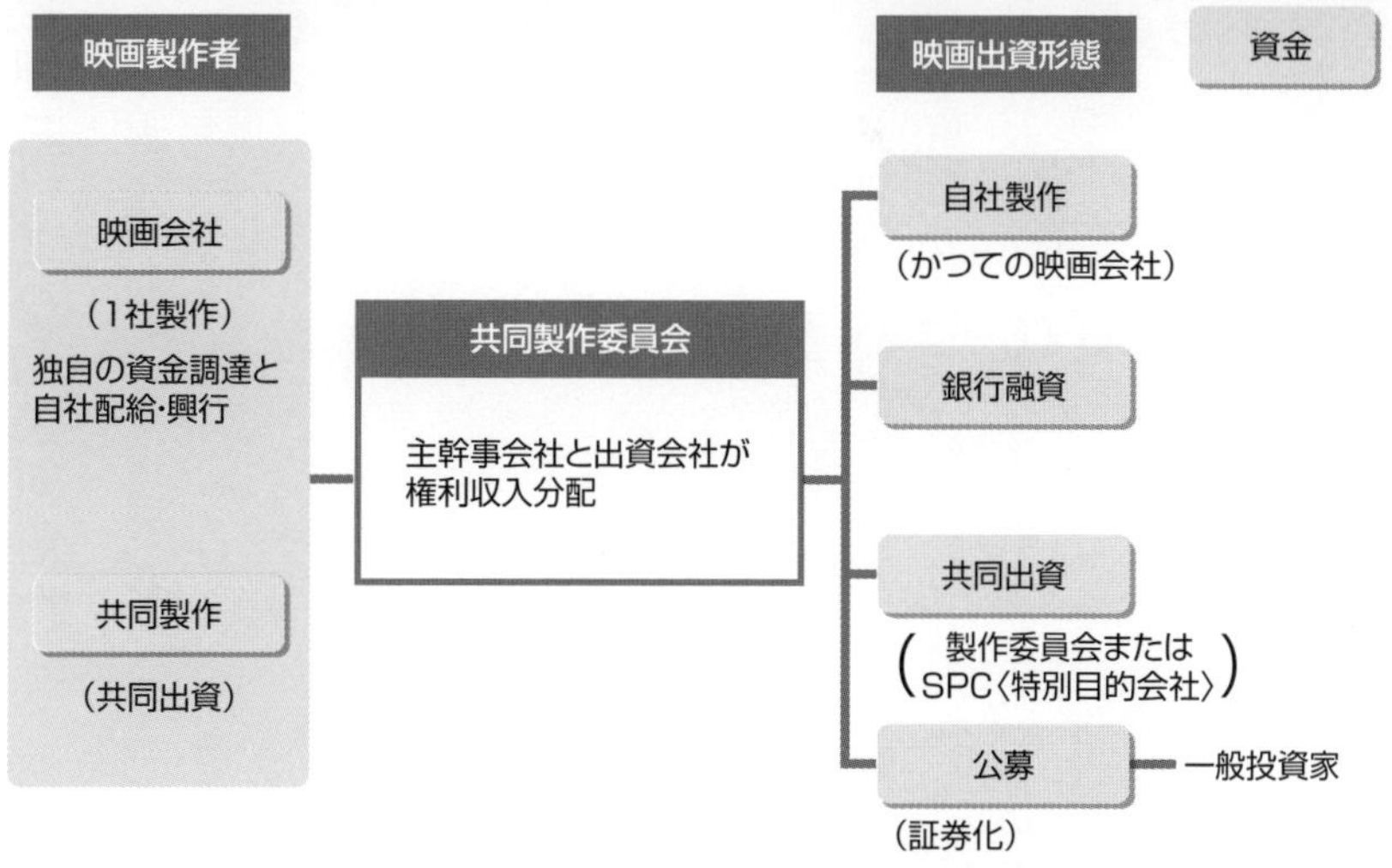

新しい金融商品として

映画ファンドは、投資の対象が「著作権」という権利ですが、これを「一本の映画作品」という、かたちある商品として説明していることから、一般の人にもわかりやすく、近年、新しい金融商品として、購入する投資家も増えつつあります。最近の映画業界は製作本数も多く、それに比例して映画ファンドを公募する作品（商品）も増えてきました。

金融業界としても、新しい金融商品として、これまでの融資だけではなく、ファンドの形成を通して、映画製作への投資に関心を深めています。

映画ファンドは一九八九年頃から発売されるようになりました。現在は、証券会社から官民共同投資ファンドの産業革新機構や個人投資家によるクラウドファンディングなどが中心になっています。複数ではなく一作品単位で配給会社と投資家が製作委員会を組成して発行するケースが増えています。

元本割れリスクへの対処

劇場用映画作品で個人の投資家を募ったものとしては、松竹映画がみずほ証券と組んで組成した「映画ファンド 忍—SHINOBI」があります。

松竹の発表によれば、申し込み人数は約一三〇〇人で、申し込み総額は五億二二〇〇万円となっています。一口一〇万円の設定に対して、一人平均の申し込み金額は三八万七〇〇〇円になっています。「忍—SHINOBI」では、個人投資家の元本割れリスクに配慮し、「元本六〇％確保タイプ」と「元本九〇％確保タイプ」の二種類を用意していました。配当金額については、興行収入が当初の損益分岐点である二〇億円に届かず、元本割れで償還されました。

松竹では、映画ファンドによる資金調達が活性化することによって、一般の映画ファンは、映画に投資するという機会が増えるとともに、ただ観るだけではなく、気に入った映画の製作に参加し、映画を応援するという、新しい楽しみ方を見つけることができる——とPRしています。

＊…**概要**　SMBCホームページより。

一方、金融市場においても、アニメ／ゲームファンドの実績から、実写の映画コンテンツについても、資金の新しい運用の場としての関心が高まってきています。

今後ともファンド組成の傾向は続くと見られています。さらに今後、法律・制度が整えば、大型化したものを小口に分けて販売することも簡単になり、個人投資家も投資しやすい環境になると期待されています。

二〇一一年には、官民共同投資ファンドの産業革新機構が日本で初めてのアニメ、映画などの企画開発を手がける新会社「オールニッポン・エンタテインメントワークス」（現ANEW）を発足させています。

「北斗ファンド ―英雄伝説―」のストラクチャー概要※

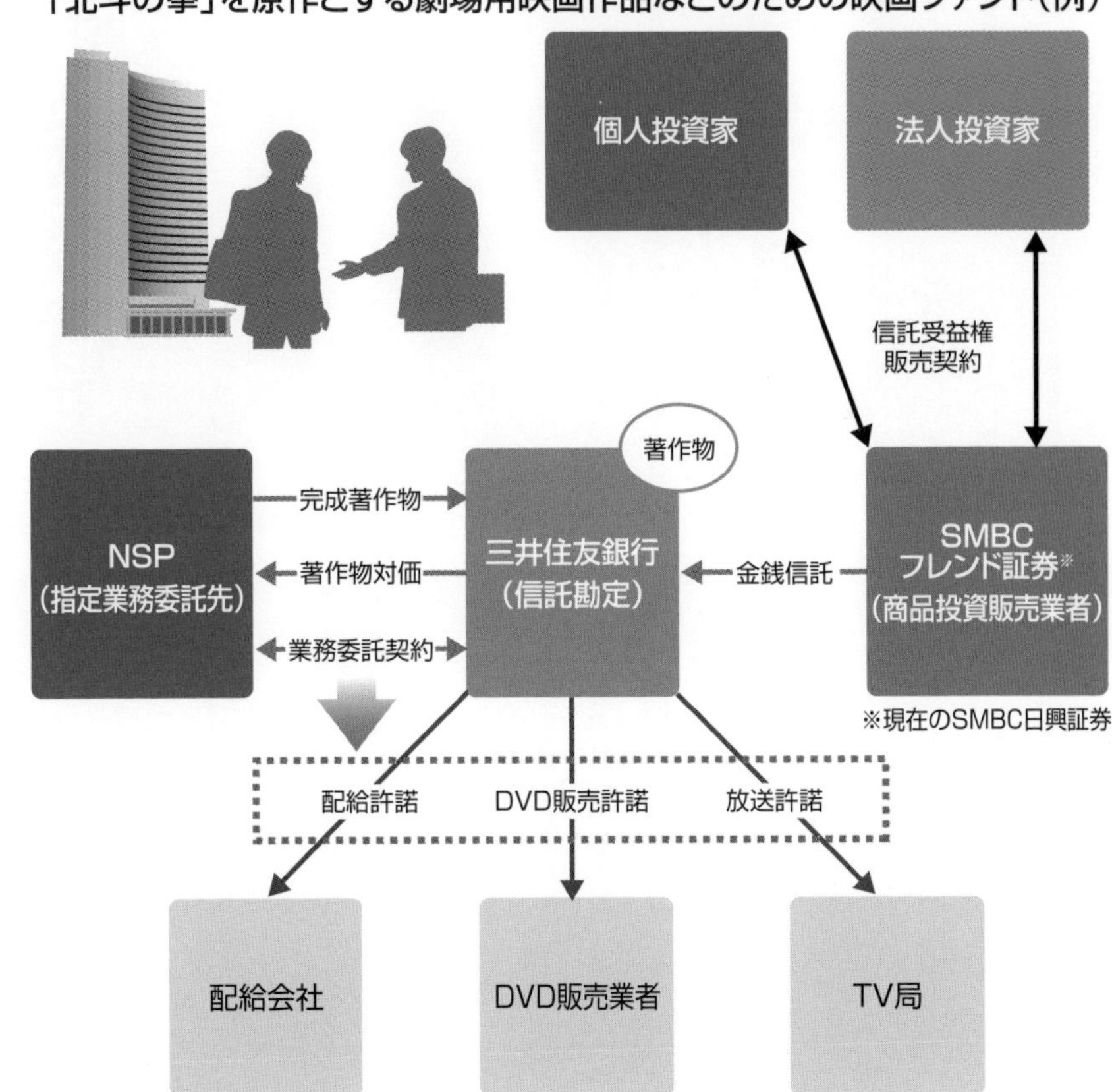

8 ハリウッド型資金調達

日本映画が長期にわたり不振を極めた要因の一つに、マーケティングに対する取り組みの希薄さがあったといわれています。

共同出資による製作委員会制度やファンドの組成など、これからはマーケティングを意識した映画づくりが必要になってきました。

ネガティブ・ピックアップ方式

ハリウッドを中心に活用されている映画製作資金の調達方法に、**ネガティブ・ピックアップ方式**があります。

これは、制作会社と配給会社との間で、映画の完成を条件とした配給契約（ネガティブ・ピックアップ契約）を締結することで、金融機関から融資を受けるという仕組みです。まず、キーパーソンとなる制作会社のプロデューサーが、脚本家と監督、メインのキャストなどからの製作参加の意思表明を付けた企画書を、映画会社や配給会社、ビデオ会社、テレビ局などへ持ち込み、配給権やビデオ化権、テレビ放映権などの売却（プリセール）を実現し、配給契約（ネガティブ・ピックアップ契約）を締結します。同時に、「完成保証会社」との間で、映画を企画どおり完成させるための、完成保証の金融機関への発行を委託する契約を結び、その委託料として製作費の約一〇％相当額の保険料を支払います。さらに完成保証会社は再保険会社との間で、保証債務の再保証に関する契約を締結します。それらの契約書や著作権・配給権を担保に、金融機関は制作会社に融資を実行する——というかたちになっています。

これにより、金融機関はリスクの高い映画製作に対しても、安心して融資できるという仕組みになっています。**完成保証（コンプリーション・ボンド）**という制度は、予算超過や撮影の遅延などの理由で映画の完成が危ぶまれるときに、資金的にこれを補完する、映画作品自体の保険のようなものになっていますが、完成保証が付くことで、制作会社の与信力も高まり、自信を持って制作に専念できることになります。完成保証サービスは主として損害保険会社が行っていますが、金融機関を含めて、映画関連業界以外でも、企画内容の審査を通して映画のマーケティングに対する見方が養われ、リスクを回避しながらヒット作を生み出す方法として、多方面から関心が寄せられています。

劇場用アニメで日本初の完成保証

『AKIRA』や『スチームボーイ』などの大作劇場アニメーションの監督で知られる大友克洋（かつひろ）氏の映画に、日本で初めての国内完成保証保険がかけられました。

これまで日本の損保では、イベントの中止を保証する「興行中止保険」などの商品は売られていましたが、映画に特化した保険は初めてでした。

日本でも今後は、マーケティングに詳しいプロデューサーの育成と、新しい資金調達方法の開拓が求められています。

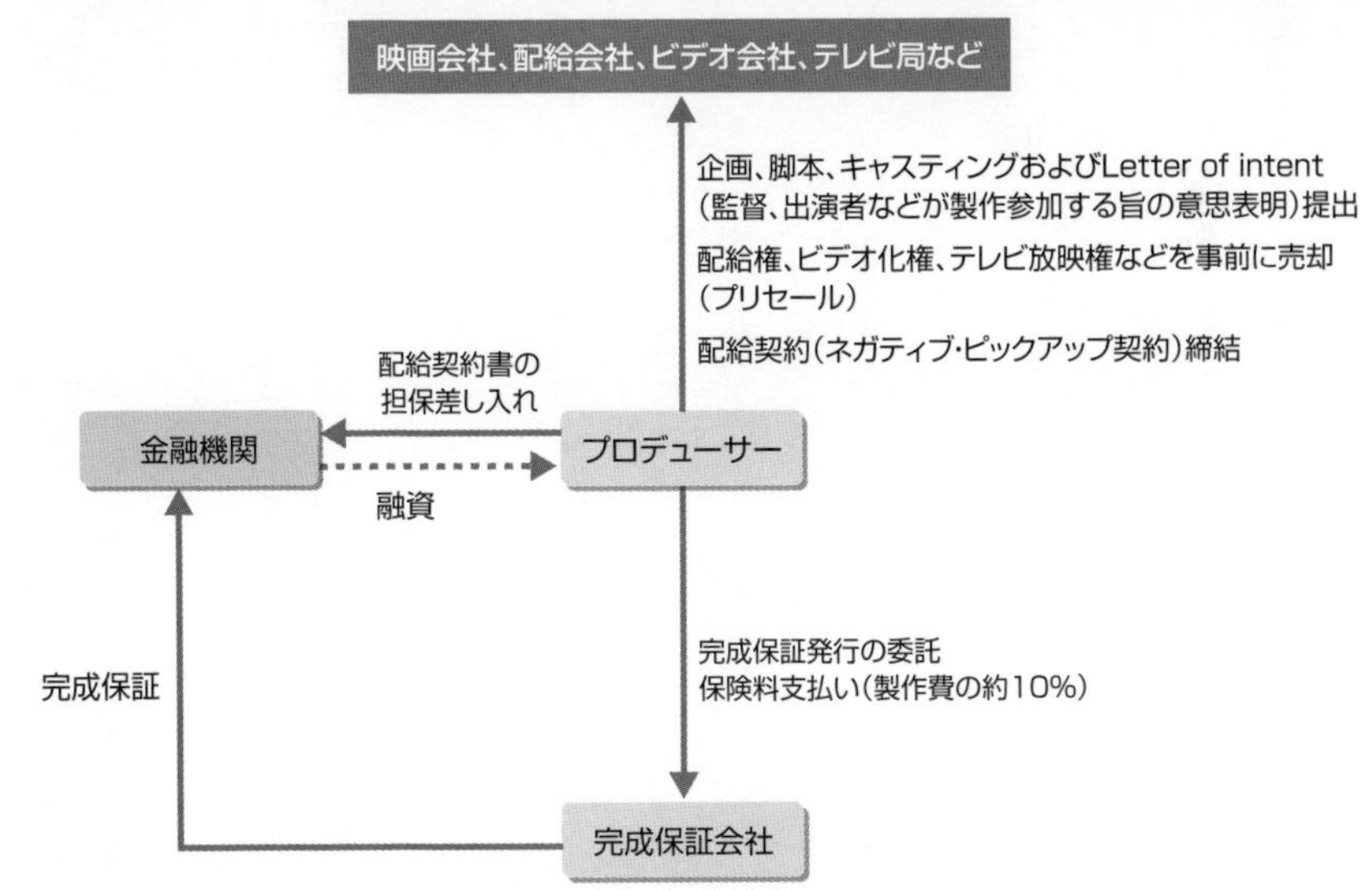

*…**資金調達事例**　「映像産業活性化研究会報告書」（1998年6月）などより。

9 クラウドファンディングと映画製作

最近は映画製作だけでなく、コロナ禍で閉館の危機にさらされている全国の「ミニシアター」を守る「ミニシアター・エイド基金」としてもクラウドファンディングが行われ、国内の史上最高額となる支援金を集めています。

「クラウドファンディング」の歴史

二〇〇一年、最初のクラウドファンディングプラットフォームがアメリカで作られ、その後、クリエイティブなプロジェクト向けのクラウドファンディングサービスが次々と設立されました。日本では、東日本大震災をきっかけとして、二〇一一年に「CAMPFIRE」「READYFOR」の二つのクラウドファンディングサイトが立ち上がりました。最初は復興支援を目的とした寄付型のクラウドファンディングが多かったのですが、その後、二〇一四年五月に金融商品取引法の改正案が可決成立し、金融の規制緩和が図られ、投資型クラウドファンディングが注目されるようになってきました。

クラウドファンディングとは

クラウドファンディングは、金銭以外のモノやサービスを特典として受けることができる**非投資型**と、金銭的なリターンを得る**投資型**の二つに大きく分けられます。非投資型クラウドファンディングには、**購入型**と**寄付型**、さらに最近では行政が関わる**ふるさと納税型**があります。一方で投資型（**金融型**とも呼ばれる）クラウドファンディングは、**融資型**（**ソーシャルレンディング**）、**ファンド投資型**、**株式投資型**に分類されます。映画産業においてクラウドファンディングは、映画製作での資金調達のほか、ミニシアターなどの支援にも使われています。

映画製作と映画館支援

資金調達の仕組みは大きく二種類に分けられます。「All or Nothing方式」の場合は、期限までに応援額が目標金額に到達した場合にのみ資金調達が実施され、目標に到達しなかった場合はプロジェクト不成立になります。一方、「プロダクション・ファンディング」の場合には、目標金額に到達したかどうかにかかわらず、資金調達が実行されます。

国内の映画産業におけるクラウドファンディングの取り組みとしては、「CAMPFIRE」と「MotionGallery」の二社への投稿が特に多く、自主制作の映画やドキュメンタリー映像制作、オリジナル脚本による劇映画、古い映画館の再生などが目立っています。MotionGalleryでは、コロナ禍で閉館の危機にさらされている全国の小規模映画館「ミニシアター」を守るためのプロジェクト「**ミニシアター・エイド基金**」を呼びかけ、国内クラウドファンディングでは史上最高額となる三億三〇〇〇万円を約三万人のコレクターから集めています。

クラウドファンディング概念図*

共感したプロジェクトの
チケットを購入して応援する
プレゼンター
コレクター
MotionGallery
プロジェクトの実現を目指し、
応援の輪を広げて
目標金額を達成しよう！
プロジェクトの実現後、
チケットで誓約された特典がプレゼントされる

用語解説

＊…**概念図**　MotionGalleryホームページより（https://motion-gallery.net/）。

オールロケ映画と新しいシネマツーリズム

監督の迫田公介氏が出身地の広島県呉市でオールロケした映画『君がいる、いた、そんな時。』は、学校の図書室を舞台に、図書館司書と子どもたちとの交流などを描いた内容になっています。全国公開に向けた上映宣伝費と海外映画祭への出品活動を支援する目的で、クラウドファンディングも組まれ、最初の目標額230万円とセカンドチャレンジの270万円が達成されています。

市民が地元の映画文化を盛り上げるには、地域映画祭のほか、ロケ誘致、上映実行委員会などの手法がありますが、クラウドファンディングで全国公開に向けた上映宣伝費や海外映画祭への出品活動を支援する活動も増えてきました。

https://kimi-iru.com

竹中直人、山田孝之、斎藤工の共同監督作品『ゾッキ』は、愛知県蒲郡市在住の漫画家の作品を原作とする映画で、コロナ禍の中、蒲郡市を中心にロケが行われました。

その後、蒲郡市では、ロケ地マップを作ったり、シネマツーリズム、ロケ地ツーリズムの準備に取り組んでいます。映画を切り口としたツーリズムはいまなお健在で、実写映画に限らず、アニメ映画でも、シナハン（シナリオハンティング）された街の風景が観光地になることが多くあります。

実写映画のロケ誘致とともに、シナハンの誘致も大事で、ウィズコロナが続く中、しばらくは、国内旅行中心のマイクロツーリズムが主力になるといわれ、シネマツーリズムも見直されています。

https://zokki.jp

第5章

映画産業の仕事と求められるスキル

一本の映画には、実に多くの人が関わっています。監督と俳優がいても脚本がないとストーリーになりませんし、ストーリーが決まっても撮影する人がいないと成り立ちません。セットも必要ですし、衣装や小道具、スタッフの食事の手配に至るまで、制作現場に必要な物・人材は数え上げればきりがないほどです。

制作と同時に、興行として成功させるための戦略も重要になってきます。

本章では、映画産業に関わる仕事と、デジタル化時代に求められるスキルについて解説しましょう。

1 映画制作の仕事

映画の制作現場は、よく「メイキング」として紹介されるので、その熱気や緊張感に憧れを持つ人も多いようです。実際には、どんな仕事があるのでしょうか。

プロデューサー

プロデューサーは、映画の企画立案に始まり、資金調達、制作、配給、二次使用、製作費回収と利益配当に至るまで、映画のすべてにおける最高責任者です。

共同製作委員会によって映画が作られる場合には、出資会社の代表として、それぞれの会社からプロデューサーが選任され、チームで取り組むことが多くなってきました。その職務の多くは、地道で裏方的なものですが、生半可なリーダーシップだけでは済まされない、飛び抜けた行動力と判断力が必要になります。

一本の映画の製作には非常に長い時間がかかり、公開後の管理も含めるとかなりの長期にわたって責任を持ち続けなければならず、役割は非常に大きいものとなります。企画段階では、作品のテーマとターゲットの選定、制作、およびその後にまで及ぶスケジュールと資料集づくり、監督と脚本家の人選を行います。監督は企画段階から参加している場合も多いのですが、興行として成功する作品づくりには、映画業界全体を見渡すことのできるプロデューサーの目は欠かせません。また、スタッフ選びやキャスティングにおいては、その人脈と信頼が問われることになります。特にキャストの人選は、映画の話題性や観客動員数に大きな影響を与える大仕事です。

このように、プロデューサーには作品全体を指揮する手腕が要求され、責任に応じた権限も与えられてきますが、評価の基準はただ一つ、興行成績です。

製作部の仕事

プロデューサーの膨大な仕事を補佐し、また監督や俳優たちとプロデューサー、本社スタッフをつなぐ役目を持っているのが**製作部**です。キャスティング交渉や予算管理をはじめとして、撮影に入ってからは、その進行状況を把握し、撮影各スタッフを統制していきます。

ロケーションにおいては、現場を管理監督し、安全管理、機材管理、移動や撤収の指示、トラブルへの対処、交通整理や野次馬規制など、現場で生ずるあらゆる雑用に対応するのも製作部の仕事です。そして、現場での現金支出も含め、予算管理とスケジュール管理が最も重要な仕事になります。

現場からはとにかく、いい画(え)を撮りたいという理由で、予算を度外視した注文が相次ぎます。そのとき、監督を説得したり、また逆にプロデューサーに掛け合って予算の増額を交渉します。また、俳優の所属事務所からの要求に対する窓口にもなっています。

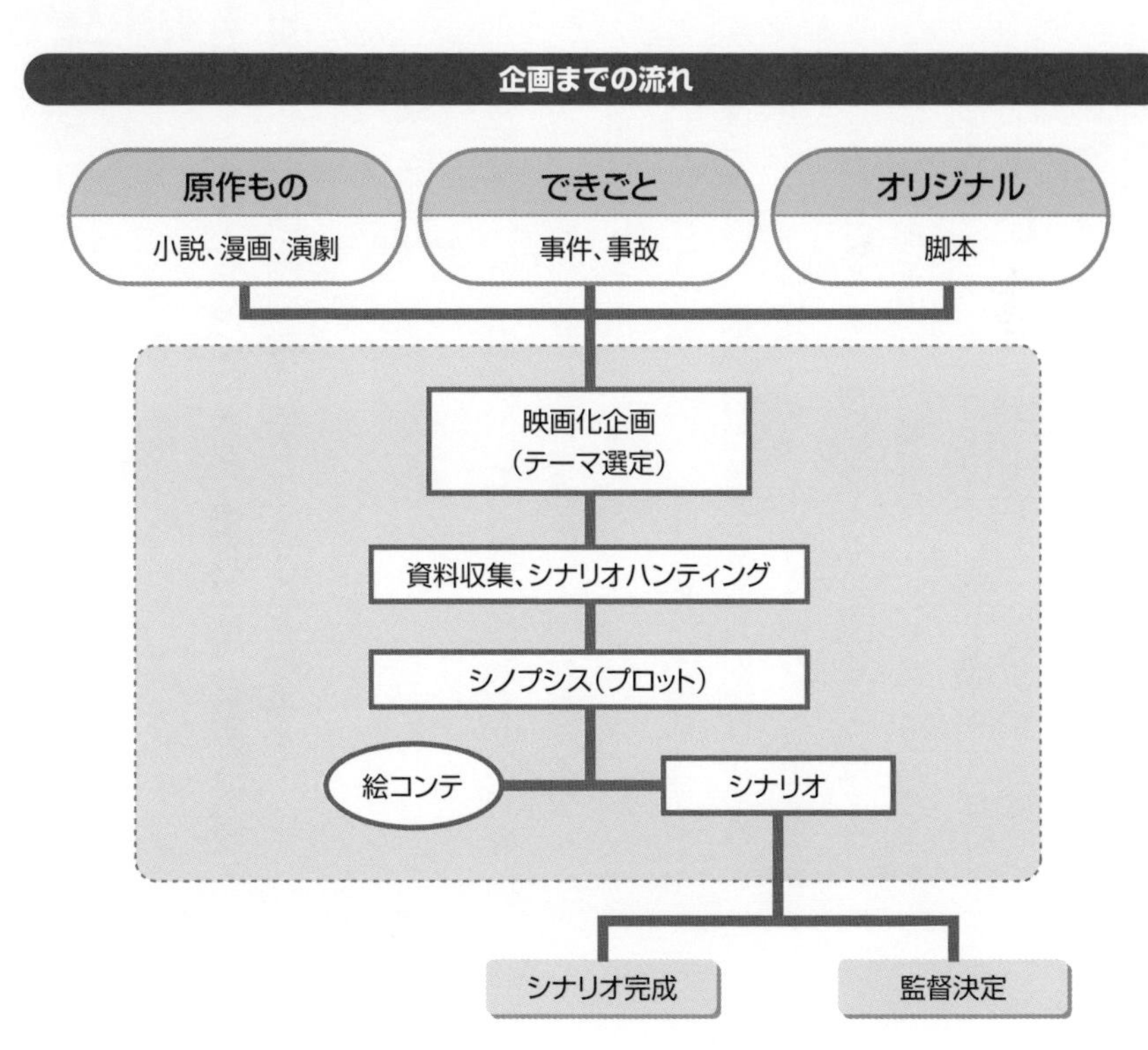

2 監督／脚本家の仕事

映画監督や脚本家を夢見て、映画に関わる仕事に携わっている人も多くいます。最近では、北野武監督や松本人志監督のように、別のジャンルで活躍している人たちが映画監督になるケースもあります。

映画監督

企画や脚本づくりの段階から、プロデューサーとともに一本の映画を作品として仕上げていくのが**監督**の仕事です。そして、主に撮影現場での責任者としての役割を担っています。製作の責任者がプロデューサーなのに対して、制作の責任者が監督になります。よく、「○○組」と呼ばれるように、監督は息の合ったスタッフたちを統括し、指示を出していきます。

撮影の現場では、カット割り、音、セットや背景、具体的な構図、俳優の演技指導といった演出のほか、スタッフの技術指導も含めて制作現場全体を指揮していきます。全体を指揮しながら、イメージする作品の完成へと導いていくのです。

助監督

助監督は監督予備軍として、監督の技術を学ぶ立場であり、同時に制作において非常に大切な役割を果たす立場にあります。

通常は、チーフ、セカンド、サードの三人編成ですが、作品によっては、助監督の下に、さらに監督助手や演技指導という名称のスタッフを置き、監督が演出をスムーズに行えるよう補佐しています。チーフはスケジュール管理を中心に、監督のメインサブとなって全体を指揮します。セカンドは主に現場管理を担当し、監督の指示を撮影スタッフや役者に伝えます。サードは「カチンコ」叩きをはじめとして小道具管理などを行います。

脚本家

映画のストーリーに沿って、セリフとト書きで構成していく**脚本**（シナリオ）は、映画にとって設計図ともいえるものです。いい脚本がなければ、いい映画作品は生まれません。映画にとって脚本は非常に重要なものになっています。

また、脚本は監督が書く場合もありますし、プロの脚本家が書く場合もあります。原作がある場合もあれば、映画用のオリジナルとして、脚本を軸にストーリーが展開していく場合もあります。どんな場合でも、作品として成功させるためには企画が最も重要なのですが、企画を活かすも殺すも脚本の質次第ということは否定できないでしょう。

さて、単にストーリーに沿ってセリフや場面、人物の表情や動きを構成するだけでは、脚本はできません。しっかりした取材に基づいた、歴史背景や状況設定といったものが必要になります。制作に入る前は監督らとシナリオハンティングに出る場合が多く、資料集めや情報収集が、脚本の土台として要求されてきます。

「製作」と「制作」の違い

制作	製作
映画を撮影する作業など、作品ができ上がるまでの実作業の工程全体を「制作」と呼ぶ。 （例）「制作会社」「制作スタッフ」など	企画立案や製作費集め、配給、興行など、（制作を含む）映画の全過程を「製作」と呼ぶ。

3 撮影部の仕事

監督の指示や意向に従って、映像面での責任者となるのが撮影、すなわちキャメラマンの仕事です。また照明は、撮影の根幹に関わる、光と影をうまくコントロールする大切な仕事です。

映画キャメラマン（撮影監督）

映画はなんといっても映像が前面に出ることから、映像に関する細かな部分にまで気配りをしていかなければなりません。例えば光と影の使い方や、色彩のバランス、全体のトーンなど、でき上がりの「絵」としての構図や、映像に緊張感をもたらすカメラワークを決定していきます。監督の持つイメージに合うように、細部にわたり監督と相談し、調整していきます。

キャリアと技術力の高さが要求されるとともに、作品の意図を熟知しておくことが必要で、脚本をじっくり読み込み、作品の目標に関して、監督と息の合った仕事が求められてきます。現場ではスタッフを統率し、監督の補佐的立場になります。

撮影助手

助監督と同様に、チーフ、セカンド、サードの三人で役割分担をすることが多くあります。

チーフ助手は、計測や露出が主な担当で、照明と連携して明暗のバランスをとっていきます。セカンド助手は、主にフォーカス（ピント）が担当です。サード助手は、フィルムの装塡や交換を含めた機材管理のほかに、レールなど特殊機材の準備や操作も行います。

近年はデジタル撮影が主流となり、カメラの台数も増える傾向にあり、撮影助手の数も増えています。また、地方ロケも増え、空撮班や水上撮影班など、クルーの編成も増えています。さらに、美術・照明その他のスタッフとの打ち合わせなども頻繁に行われています。

撮影部の新しい職種

最近はデジタル映画の撮影が多くなり、撮影スタッフの仕事にも、デジタルの撮影に強い**DIT**(Digital Imaging Technician)や**DL**(Digital Loader)、**DM**(Digital Data Manager)といったスタッフが現場に同行するケースがあり、事前のスタッフ編成にあたっても、DITやDMの選考が行われる場合があります。DITは、一般的には映像の品質とデジタル機器の管理者であり、具体的な仕事内容は、ムービーファイルの作成や映像の色彩構築、オーディオ調整、画像処理など多岐にわたります。DLやDMは、会社によって呼び名が異なりますが、撮影データの管理者を意味します。

いずれのスタッフも、デジタル映像の特徴や性質をしっかりと理解することに加え、動画ファイルの編集や管理に関する知識も深めておくことが必要になってきます。撮影が終了すると、映像データを収録したカードないしはハードディスクを正確に整理・確認し、然るべきポスト・プロダクションに送ります。

カメラとキャメラ

映画の制作現場には映画カメラマン以外にも、スチールなどカメラを持つ職業の人がいます。そこで、混同を避けるために、現場では動画を撮る人を**キャメラマン**、静止画を撮る人を**カメラマン**と呼んで区別していることが多くあります。

キャメラマン（撮影監督）は、脚本のイメージを具体的にフィルムに映像化する仕事です。監督が脚本にどのようなイメージを持っていて、どのような映像を求めているのか、そしてそれを映像化するにはどうすればいいのか、などをよく理解し支えるのがキャメラマンの仕事です。そんなことから、キャメラマンは「監督の女房」などと呼ばれることもあるようです。

4 照明部の仕事

照明はいわば撮影の根幹に関わる、「光と影」を操る重要な仕事になっています。光と影をうまくコントロールすることで、役者の演技や場面の雰囲気にさらなる意味を持たせ、深みを加えることが可能になります。

照明監督の仕事

日本映画の制作現場には照明部が存在し、カメラマンとの連携のもと、仕事をこなしていきます。照明監督の役割は、照明のコンセプトなどを考えることにあります。かつての照明機材は大きく、また重くて大がかりな仕事になることから、照明に関わるスタッフの数は多く、その職人的な仕事ぶりが現場に活気を与えることが多く見られました。

海外では撮影部が照明も含めて担当するのが普通ですが、日本の照明テクニックと芸術性は世界的にも評価が高く、日本映画界独特のものになっています。映画賞の中にも照明部門があるように、照明部は日本映画の制作現場には必要不可欠なものになっています。

照明助手の仕事

職人的な世界で徒弟制度もあり、照明に関しては助手といえども脚本を熟知し、登場人物や背景をしっかり把握していなければならず、照明監督の指示に的確かつ機敏に応えるスキルも要求されています。

チーフは、照明監督の右腕となって、ライトプランをもとに他の助手たちへの指示を行いライティングを進めます。助手は、撮影の規模により三名から七名程度の規模になり、撮影当日にチーフの指示をもとにライトのセッティングなどを行います。

照明の役割は、時間表現や空気感をつくることで、朝昼晩の表現や天候の表現だけでなく、シーンごとの心象表現にも心配りをし、俳優の演技を支援します。

LEDなどによる作業効率の向上

映画の撮影がフィルムからデジタルに変わったように、照明機材の光源も最近ではLED化が進むなど急速な進歩を遂げています。

かつてはバイポストと呼ばれた大きな電球が小型の電球に変わったり、少ない電力で発熱も少なく、明るい光が出せるLEDライトなどが普及しました。

また、カメラの感度も高くなっていることから、従来の機材では対応できない光量や微妙な質感が要求され、どのシーンでどの機材を使うかの選択も必要になってきました。その機材が近年軽量化したこともあり、女性の照明スタッフも増えてきました。

映画での照明スタッフとの関係では、フリーランスや専門制作プロダクションとの業務委託契約によるものが多く、人材確保のほか、機材のレンタルなどを担当します。代表的な専門プロダクションである株式会社嵯峨映画*は、日本映画発祥の地、京都太秦（うずまさ）に本社を置き、長く映画の照明を請け負い、現在は、TV、CM、VP等の照明業務を請け負っています。

照明用語ミニ解説

アイライト	人物の瞳に光をあてて輝きを与える照明
明かり合わせ	複数の場面設定に応じた照明プラン（図面）に基づき配置された照明を、各場面ごとに点灯させること
じあかり	照明機材を使わない自然光のこと。「地の明り」
タングステンライト	照明における朝日や夕日のような光、比較的オレンジ色の光
デイライト	照明における太陽光のような光、比較的青い光
とっこう（特効）	「特殊効果」の略語
とばす（飛ばす）	照明器具を吊り上げることなど
バミる	俳優の立ち位置に目印を付けること。照明のあたるポイント
バラシ	解散のこと。あるいは機材を片付けること
ピーカン	雲ひとつない晴天のこと
わらう	機材などを「どける」という意味、「それをわらって」などと使う

*映画製作の収支構造　「コンテンツ・プロデュース機能の基盤強化に関する調査研究：映像製作の収支構造とリクープの概念」（経済産業省）より。

*嵯峨映画　http://www.sagaeiga.com/ 参照。

5 美術／衣装／特撮の仕事

映画の舞台をセットとして組むのが美術の仕事です。役者が持つものや持てるもの、あるいは動かせるものを扱うのが小道具で、動かないもの、動かせないものを扱うのが大道具に分類されています。

大道具／小道具

大道具は大工仕事を中心に、塗装、園芸の職人が活躍し、短時間で本物らしくセットを作り上げます。

スタジオ撮影はもちろんのこと、オープンロケの場合でも、すでにある建物や背景に手を加えて、映画の脚本に合ったイメージに作り上げていきます。

美術の仕事は、作品の舞台となる時代や国などの特徴を考証し、「作り物」と思わせないようなセットを作る作業なので、「らしく」見せる腕が必要であり、普段から歴史的建造物などの研究が欠かせません。

またSF映画などでは、実在しないもの、見たこともないものでも、質感をも含めてそれらしく作っていくことから、まさに職人技といえる仕事です。

衣装／スタイリスト

役者にとって演出は、衣装に頼るところが非常に大きいものです。同時に、映画のストーリーや意図と衣装は、切っても切れない密接な関係にあります。

映画の舞台となるその時代、人々はどんな衣服を身にまとっていたか、身分や職業によってどんな特徴があったか、様々な資料から分析し、役にふさわしい衣装を選び出していかなければなりません。

また、映画によってはオリジナル衣装を作る場合もあります。想像の世界が舞台となる場合など、衣装担当としてのセンスやデザイン力が映画全体に大きく貢献します。布を扱うプロとしての腕の見せどころとなるのです。

デジタル化が活かされる操演・特撮

特殊技術を要するのが**操演**で、クレーンやワイヤー、滑車で役者を吊り上げる、怪獣を機械仕かけで動かす、ミニチュアの町を作って電車を走らせる、などは操演担当です。**特撮**はハリウッドでは**SFX**と呼ばれますが、これはSpecial Effectsが語源です。最近では、CGを使った特撮が行われたり、クレーンやワイヤーなど大型機材の操作にコンピュータ制御方式が導入され、操演や特撮の仕事の幅が広がってきました。

一九八〇年以降は、CGを使って映像を加工する**VFX**（Visual Effects：視覚効果）も多用されるようになり、アイデアと豊かな知識と発想力が求められるようになってきました。

基本的には、通常ではあり得ない場面や状況を表現するのが特撮監督の仕事です。特撮は、ミニチュア撮影や特殊メイクなどによって撮影現場で特殊な効果を出す方法と、撮影後にデジタル合成やCGを駆使する方法に分けられ、前者をSFXと呼ぶのに対して、後者を前述のVFXと呼んでいます。

スタイリストとヘアメイク

衣装とヘアメイクの仕事も、映画制作では重要な役割を持っています。最近はスタイリストが衣装選びから着こなし、アクセサリーまで担当することが増えています。また、ヘアメイクの仕事でも、役者の役柄や場面に合わせ、いろいろな特徴を持った人物にメイクするため、例えばヒゲや傷、肌の色合いなどをメイクでうまく仕上げていきます。年月の経過があるときは、若い顔から老けた顔まで、自然に見えるようにメイクで作ってしまいます。さらに、心理状態もメイクによって表現できます。怒っている顔、疲れている顔、上気している顔など、場面によって変化する表情の表現には、役者の演技だけではなく、メイクの力も必要になるのです。

6 録音／記録／編集の仕事

音の効果は映像に匹敵し、場合によっては映像以上に大きな効果をもたらします。恐怖感や緊迫感を音によって効果的に表現した作品は実に多く、簡単に思い浮かべることができるでしょう。

音響／録音

音を扱う**録音技師**も、作品の意図や監督の意向を熟知していなければなりません。効果的な音づくりは、場面を後ろ側から支えるといった意味でも重要な役割を担うので、音に関するセンスと技術が必要になります。

また、屋外でのロケの場合は実際に車や電車の音があり、カット割りで分断された音を、自然に、効果的につなげていく作業も必要になり、音の専門家としての高度な技術が問われます。

録音助手は、機材のセッティングを行い、マイクを釣り竿（ざお）のようにして役者に近付けるブームを扱ったり、カメラのフレームにマイクが入らないようマイクの位置を調整するなど、器用さが求められます。

スクリプター

「記録」とも呼ばれる**スクリプター**は、監督の秘書ともいうべき役割を持ち、女性に向いている仕事でもあります。

撮影は、脚本に沿って順番に行うわけではなく、場所や出演者によって、飛び飛びのシーンをまとめ撮りするのが普通になっています。また、ワンシーンの中のカット撮りも順番どおりというわけではないので、切れ切れに撮影されたものを細かく記録しておく必要があります。最終的につなぎ合わせて一本の作品に仕上げるために、一貫した流れを念頭に置きながら作業します。記録内容はカットごとの俳優のアクションなどであり、専用の**スクリプト用紙**に記入していきます。

編集技師／編集助手

スクリプターは、カットがスムーズにつながるように、例えば背景にあるものの位置や、俳優の髪の乱れ具合などにも気を配っていますが、そのスクリプターが作成した「スクリプト用紙」をもとに、バラバラに撮影されたカットをつなぎ合わせ、一本の作品に仕上げていくのが**編集技師**の仕事です。

何百、何千にも及ぶカットを、映画の内容に沿って組み合わせていくのですが、組み合わせるときのタイミングや間のとり方、余韻の残し方といったつなぎ方の「リズム」が非常に大切になってきます。

「映像を活かすも殺すも編集次第」とまでいわれるように、編集は「演出」という役割をも果たしていることになります。

また、編集技師は基本的には撮影に参加しないようにしています。撮りためた映像を客観的に見ることができ、観客の立場もふまえながら、作品の意図と監督の狙いなどを十分に理解し、「最高のつなぎ方」をもって、最高の作品に仕上げることを使命としています。

プリ・プロダクションの主な作業

①予算見積書の確定
②シナハン
③スタッフィング
④キャスティング
⑤脚本の決定稿と撮影稿の完成
⑥ロケハン、スタジオ計画
⑦各種打ち合わせ
⑧クランクイン

プロダクション（撮影）の主な作業

①クランクイン、撮影
②突然の変更、判断
③毎日の予算チェック
④クランクアップ、打ち上げ

ポスト・プロダクションの主な作業

①編集（フィルム、HD）
②監督ラッシュ、スポンサーチェック
③本編集、ネガ編集
④アフターレコーディング
⑤ダビング（効果、音楽）
⑥0号、初号（現像、キネコ）、納品
⑦経理作業、清算作業

俳優、エキストラなどの仕事 7

映画全盛の時代には、映画にしか出ていない俳優がいました。そういった俳優を見るには、映画しかなかったのです。また、俳優は映画会社の専属で、他社の作品には出演できませんでした。

映画俳優

映画が興行として成功するためには、観客を集められる俳優の起用が重要なポイントになります。主役だけではなく、脇役にも「光る」役者がいると観客の関心は高くなります。現代では映画にしか出ていない俳優は、ほとんどいません。テレビドラマやCM、舞台に出ている俳優、歌手やタレント、さらにはスポーツ選手など、映画に起用される俳優の幅は広がり、個性的で人気のある人が映画に出演するようになりました。しかし、役者の演技力を堪能(たんのう)したい観客も多いので、いくら人気のタレントでも芝居が下手ということになると、観客の評価は厳しくなります。俳優にはどんな役柄もこなせる演技力が必要になってきます。

エキストラ

エキストラというとやはり「通行人」を連想してしまいますが、通行人に限らず、映画にエキストラは不可欠です。日本の場合、エキストラを提供する専門の会社があって、多くの人が登録しています。年齢の幅も広く、日頃、映画とはなんの関わりもない仕事をしている人や、主婦や子ども、お年寄りもいます。また、中には俳優を目指して勉強している俳優の卵も多く、認められて役が付くチャンスを狙っています。

最近はフィルムコミッションが全国各地に作られ、地方ロケでは、ロケの受け入れのほか、フィルムコミッションを通して、ロケ地の住民にエキストラを依頼することが増えてきました。

アクション、スタントマン

格闘、暴力、追跡など、人物の派手で激しい動きを売り物にしている映画を特に**アクション映画**といいますが、アクションシーンはいろいろな映画中にあり、迫力とスピード感にあふれ、その緊迫感で観客を魅了します。例えば、時代劇における殺陣のシーン。役者の真剣な表情や鮮やかな剣さばき、身のこなしは、まさに最高の見せどころといえます。役者は、普段の演技よりもさらに練習を積んで撮影に臨みます。

「アクション映画」という名称はあるにしても、アクションはあくまでも演技の一部です。時代劇に限らず、カーチェイスや逃亡・追跡、格闘シーンなど、映画の中でも重要なアクションシーンの演技は、アクション監督が演出し、演技指導をします。

また、例えば断崖絶壁でのシーンや、走る列車からの飛び降りなど、特に危険を伴うアクションシーンでは、**スタントマン**が役者の身代わりとして演技するのが一般的です。スタントマンを養成するアクションタレント養成所もあります。

映画賞豆知識

日本の内外を問わず、映画賞と名の付くものは数多く存在します。非常に権威のあるメジャーなものから、あまり知られていない映画賞まで様々です。

数ある映画賞の中で最も知名度が高く、各国の興行成績に影響を与えるといわれているのが、アメリカのアカデミー賞。アカデミー賞は、投票権を持つのがハリウッドの業界関係者であり、作品賞、主演・助演男優・女優賞、美術賞、撮影賞など、20以上の部門に分かれています。

日本アカデミー賞はアメリカのアカデミー賞を模して設立されたもので、日本の映画関係者が、主に日本映画を対象に、細かな部門に分けて受賞作を選定しています。

8 映画音楽／字幕翻訳／予告編の仕事

映画音楽はメインテーマ曲を中心に、シーンに合わせた効果的な数曲によって構成されます。場面を盛り上げる曲、叙情的な曲など、映像と一体になって観客にそのシーンを印象付けます。

映画音楽家

映画音楽家として、宮崎駿、北野武作品には欠かせない久石譲(ひさいしじょう)、『ゴジラ』のテーマを作曲した伊福部昭(いふくべあきら)、海外でも評価の高い坂本龍一(りゅういち)、武満徹(たけみつとおる)などが有名です。

映画音楽は、映画から独立した音楽として、その価値を認められることも多く、映画のために作られた曲を集めて、「サウンドトラック（**サントラ**）」と呼ばれるCDを発売するケースがよくあります。最近では『タイタニック』のサントラ盤が、記録的なヒットとなっています。映画音楽家は、映画を効果的に演出することを一番の目的として作曲します。BGM程度のものから、観客に強烈な印象を与える音楽まで、メリハリのある曲づくりのできるセンスが求められます。

字幕翻訳家

海外の映画には日本語の字幕が付きます。『ハリーポッター』シリーズなど、子どもの観客が多いと予想される作品の場合には吹き替えも多く用いられますし、最近では一つの作品について、字幕版と吹き替え版の両方を用意する劇場も多くなっていますが、日本では依然、字幕が主流になっています。

字幕翻訳家は、単に語学が得意というだけでなれる職業ではありません。普通の翻訳とは違い、文字制限や用語など多くの制約があります。そんな制約の中で、映画の流れに沿ったニュアンスを日本語で伝え、しかも自然で、簡潔で、センスのよいセリフ回しにしなければなりません。

予告編・メイキングディレクター

映画の**予告編**は、かつての撮影所全盛期には、セカンド助監督が作っていました。撮影所がなくなり、いまは予告編制作の専門会社が作っています。

洋画の場合も、本国で作られた予告編ではなく、日本人の好みに合わせ、日本で作り直すのが一般的です。配給会社からの依頼を受け、試写をして配給会社の担当者と打ち合わせをしながら作っていきます。映画のウリは何かを中心に、効果的なキャッチコピー、使う映像、セリフ、文字のデザインや効果音を、観客層を考慮しながら編集していきます。ときには本編にない映像を作るなど、観客に期待を持たせるために、様々な工夫が要求されます。

メイキングは、テレビ番組などで流すための、撮影現場の紹介、予告編のシーン、俳優へのインタビューなどを組み合わせた映画宣伝用の映像の制作を専門的に行うスタッフです。映画というものを知り尽くし、職人的技術とセンスを持ったディレクターが活躍しており、最近は志望者が増えています。

アカデミー作曲賞

よい映画には必ずよい音楽があります。アカデミー賞には、1934年の第7回から設置された主題歌賞（歌曲賞）があります。年により、劇映画部門とミュージカル部門に分けられたり、ミュージカル・喜劇映画音楽賞とかコメディ映画編曲賞、歌曲・編曲賞などが併設されたりした回もあります。

1988年には坂本龍一が『ラストエンペラー』で、日本人としては初めて受賞しています。2014年の第86回では、『アナと雪の女王』の「レット・イット・ゴー」が選ばれ、大ヒットしています。

日本アカデミー賞の音楽賞は1978年から制定され、40年を越える歴史を数えています。

9 映画の買い付けと宣伝の仕事

お金と時間と愛情をかけ、作品としてでき上がった映画は、映画館で上映され、観客に観てもらうことで、初めて興行として成立します。

買い付け

映画の配給は、まず**買い付け**から始まります。

映画を買うというのは、映画に関する権利を手に入れるということです。映画館での上映権だけでなく、DVDにする権利、テレビで放映する権利など、二次使用に関する権利も含みます。

大手映画会社の場合には、製作、配給、興行を一括して行いますが、他社が製作した作品の配給を行うこともあります。

また、配給専門の会社もあります。配給会社は、映画に関する権利を使用し、その収益で成り立つことから、多数の観客を動員できる映画を探し、買い付けることが経営の最大のポイントです。

映画バイヤーの仕事

世界中の映画祭や見本市へ出向き、映画の上映権を獲得する人を**映画バイヤー**と呼んでいます。興行として成功する作品を見極める力、交渉力、判断力、そして語学力を必要とする職業です。

膨大な数の作品を視聴し、シナリオを読み、ヒットの可能性を探ります。国際映画祭などは、映画の祭典であると同時に、上映権売買の場でもあります。

また、映画の売買は完成作品についてのみ契約されるものではなく、企画、監督、主演など、アウトラインしか決まっていなくても、「売れる」見込みが大きいと予想される場合には、**事前買い付け**によって、権利を確保することができます。

宣伝の仕事

効果的な映画宣伝は興行上不可欠な仕事です。ポスターやチラシ、予告編の制作、前売りチケットの販売など、いくつかの媒体を活用して行われます。

宣伝は、**パブリシティ**と呼ばれる、マスメディアを通した広報活動から始まります。製作発表やマスコミ試写会、記者会見、海外の俳優の来日会見、イベントなどを行い、マスコミに取り上げてもらうことで宣伝効果を狙います。メイキングなど製作過程の話題も流し、より多く取り上げてもらうように活動します。

次に**アドバタイジング**として、テレビ・ラジオ、新聞、雑誌に広告を出します。

そして**タイアップ**の交渉も行います。よくあるのが映画の主題歌とのタイアップ、映画に出てくる車や商品とのタイアップなどです。

そのほか、「商品化」を意味する**マーチャンダイジング**があります。映画をもとにしたノベル、サウンドトラック、写真集、キャラクターグッズなどの販売です。

配給・興行の仕事と関連会社

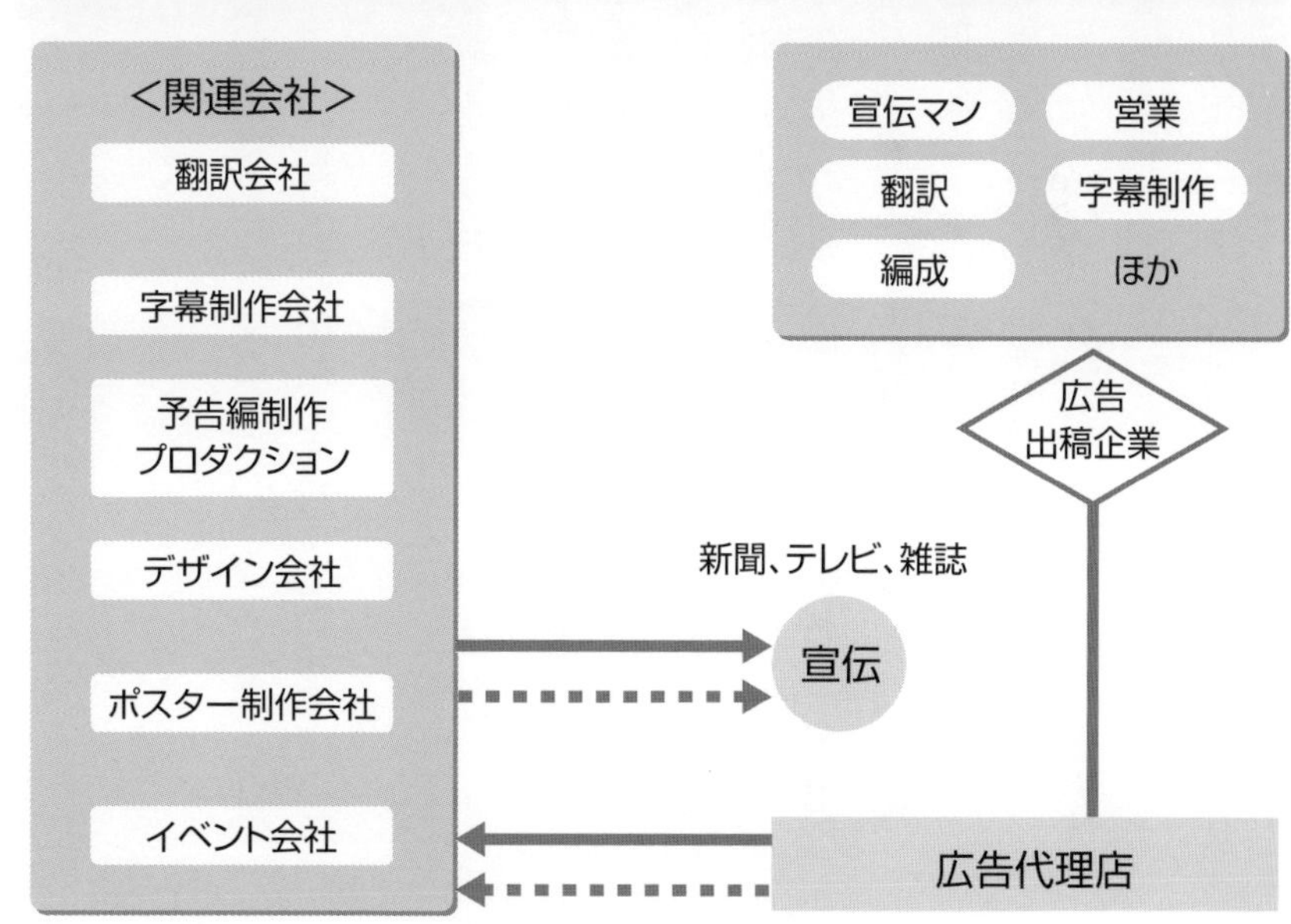

10 配給会社の営業活動

映画の配給会社の営業部では、番組編成された作品を全国の映画館やシネマコンプレックスなどに配給するほか、「ソフトの貸出業務」として、新作・旧作を問わず、テレビ局などへ の供給を行っています。

配給の仕組み

映画の製作会社と配給会社の間で契約が交わされると、配給会社には**初号プリント**、あるいはネガ原版からデュープ(複製)された**デューププリント**や**デジタル原版**などが渡されます。配給会社は上映用プリントを量産し、映画館のブッキングを行います。

外国映画の場合には、量産する前に字幕を付けたり吹き替え版を作成し、日本での映倫申請も配給会社が行っています(邦画の場合は製作会社が行います)。

さらに、映画宣伝や予告編の制作も配給会社の業務であり、宣伝部門を持たない会社の場合は広告代理店などにアウトソーシングしています。

配給収入とは

映画の売上が公表されるときに、よく**配給収入**という言葉が使われますが、興行会社(映画館)側が一定配分を除いて配給会社に支払う料金を映画料と呼び、その総計額が配給収入となります。

さらに邦画の場合には、ここから一定割合の配給手数料と宣伝費を含む配給経費などを除いた残りを映画製作会社に戻す仕組みになっています。

外国映画については、海外の製作会社に買付料を支払っている関係から、配給収入のすべてが配給会社の収入となります。何度か解説してきたように、大手映画会社の作品の場合には、製作・配給・興行が一社で行われています。

ブッキング

　買い付けた映画を公開する映画館に提供することを**ブッキング**といいます。ブッキングにはブロック・ブッキングとフリー・ブッキングがあり、前者はあらかじめ決められた何本かの映画を上映期間を決めて上映するシステムで、後者は上映期間を決めずに上映するシステムです。前者は昔から大手映画会社を中心に行われてきたシステムで、チケットの販売や宣伝がしやすく、映画館確保の営業が不要というメリットがありますが、一方で、観客の動向にかかわらず、期間どおり上映しなければならないというデメリットも出てきます。

　一方、**フリー・ブッキング**では、ヒットすれば上映期間を延ばしたり、お客さんが入らなければすぐ打ち切るなど、臨機応変に興行できます。しかし、配給側にとっては作品ごとに映画館を確保しなければならず、興行側も作品の安定的な供給を受けられないといったデメリットがあります。現在、大手の邦画系を除き、ほとんどがフリー・ブッキングの興行システムになっています。

独立系配給会社の動き

　コロナ禍の中、独立系の映画配給20社が集まり、それぞれ権利を持つ旧作をネット配信する有料サービスを始めています。独立系配給会社の主たる配給先はミニシアターで、コロナ禍により平常どおりの営業ができなかったこともあり、配給会社の収入も途絶えていました。

　この難局を乗り越えようと、「Help! The 映画配給会社プロジェクト」を立ち上げ、その緊急アクションとして「配給会社別 見放題配信パック」が、オンライン映画館「アップリンク・クラウド」で配信されています。

　大手系ではなかなか見られない世界各地の多様な作品を鑑賞する好機になる、と映画ファンの間では好評で、いままで観客からは『黒子』のような存在で見えなかった配給会社の役割が注目されています。

11

映画関連の仕事

映画のマルチユースが拡大するにつれて、映画に関連する仕事も多くなってきました。製作や配給、興行とも密接に関係する仕事について紹介しましょう。

映画評論の仕事

映画評論家というと、テレビや雑誌などで芸能人のように華々しく活躍しているというイメージがあると思います。しかし、そのキャラクターにもよりますが、映画というものを熟知していなければできない仕事です。ここまで書き連ねてきた映画に関する様々な仕事、例えば脚本、演出、撮影、照明など、それぞれの観点から映画を分析しなければならないのです。

優れた、実力のある評論家の批評は、映画ファンにとっては非常に参考になります。逆に、自分の好みだけで好き勝手をいう評論家は、相手にされないともいわれています。映画が好きだということ以上に、研究熱心であることが必要になってきます。

映画出版

新作映画情報や映画スターの動向を満載した映画情報誌や書籍などが数多く出されています。また、新聞や一般誌にも映画評論などのコラム記事があり、専門の映画記者を配置しているところもあります。

映画出版の仕事をするには、マニアックなほどの映画ファンであることが条件かというと、決してそうではなく、執筆・編集など、他の分野の雑誌・書籍と同様のスキルが要求されます。さらには、海外の映画祭や外国映画スターの取材、あるいは日本映画の外国での評判などの取材もあり、映画の知識とともに語学力なども要求されてきます。

映画配信の仕事

コロナ禍による外出自粛で、有料動画配信の利用者が急増し、配信サービスを提供する会社も増えています。インターネットを通じて、音楽、映画、イベント映像などのコンテンツや、企業の説明会、教育映像、広告など、種類や配信対象の端末を問わず映像・音声コンテンツを配信する仕事です。

テキストや画像、音声データと比べて動画ファイルはファイルサイズが大きいため、インターネットを通じて多数の視聴者に配信する場合、負荷分散をしないとサーバーに大きな負荷がかかってしまいます。多くの会社では、同時に大量の視聴に対応できる専用のネットワークの仕組み（CDN）を保有するほか、対象を限定したコンテンツ配信のための認証機能や、著作権保護機能（DRM）、コンテンツ販売に必要な課金決済システム、海外からのアクセスを制限できる国内外判別配信などのサービスも提供しています。

インターネットのスキルのほか、最新の映画や音楽などのコンテンツに精通していることも必要です。

映画出版

雑誌や新聞に新作映画の紹介記事を書いたりする**映画ライター**という仕事があります。タダで映画を観られて原稿料ももらえるなんて、そんなオイシイ仕事に就いてみたい！　と思う人もいるかもしれません。

けれど、マスコミの試写会などで映画を見るためには試写状を手に入れなければなりません。試写状は、映画会社が宣伝媒体と認めたところにのみ送られるので、フリーで仕事をしている場合は、自分で情報をキャッチして問い合わせる必要があります。また、その映画の記事を書く媒体が決まっていないと断られることもあります。他の業界のライターと同様に、人脈を広げたり自分を売り込んだりといった営業活動が重要なのです。「映画が好き」という情熱だけで、映画ライターになることは難しいでしょう。

12 映画・映像の教育機関の動向

かつて、映画業界の人材は、映画会社自らが育成していた時代がありました。しかし、いまでは日本でも欧米並みに、専門の教育機関による育成が一般的になりました。

増加している大学の映画学科

一九九〇年代あたりまでは、日本の大学で映画を学べる学科というと、日本大学芸術学部映画学科くらいしかありませんでした。しかし、現在では映像や映画を学べる学科のある大学は増加し、同時に大学院も増えています。

大学で学ぶ内容は、映画史や脚本基礎といった専門性のあるものが中心になっていますが、近年では他の学部と同様に、教養課程を取り入れるところもあります。

専門課程に入り、映画制作の実践を兼ねたワークショップなどが繰り返され、かつ演出や撮影、照明、音響、美術などの理論と実践をコース別にしている学校もあります。

専門学校、スクールの動向

専門学校やスクールでは、より実践的な技術を学びます。専攻が細分化されており、監督、脚本、撮影、照明、録音など、制作に関わる担当ごとに専攻して学ぶことができます。また、俳優や声優、映画音楽や音響の養成に力を入れている学校、大学ではなかなか学ぶことのできない配給や興行、マネジメントについて学べるところもあります。さらに、字幕制作や吹き替えに力を入れている学校もあるなど、カリキュラムにもいろいろな特徴が出てきています。実際に現場で活躍しているプロを講師として招いたり、実際の撮影現場に入る実習や最先端技術を導入したりして、即戦力となる人材の育成に努めるなど活発化しています。

日本映画大学

日本映画大学は、日本の映画産業が低迷していた一九七五年、生産縮小により採用をやめていた撮影所の代わりに映画を志す若者を受け入れる学校として、映画監督の今村昌平氏が立ち上げた「横浜放送映画専門学院」が前身になっています。二〇一一年四月に大学としてスタートし、二〇二一年には開学一〇周年を迎えます。専門学校当時、今村氏が目指したのは映画人による実践的な映画教育で、一九八四年からは留学生の募集を開始し、アジアをはじめ諸外国から映画を学ぶ学生を受け入れ、翌年には横浜から川崎新百合ヶ丘に移り、「日本映画学校」と名称を変えています。

現在、学科は演出系・技術系・文章系の三系統に分かれ、演出系には演出コース、身体・俳優コース、ドキュメンタリーコース、技術系には撮影照明、録音、編集コース、文章系には脚本コースと文芸コースがあります。日本映画大学では地域連携事業として、地元区役所およびイオンシネマ新百合ヶ丘と共催で、「こども映画大学」を開催してきました。

日本映画大学の学科構成の概要

3つの系と8つのコース

映画を取り巻く急激な環境変化に対応するため、全員が同じカリキュラムで学ぶ1年次と専門コースとをつなぐ3つの「系」を設置している。

演出系	技術系	文章系
演出コース	撮影照明コース	脚本コース
身体表現・俳優コース	録音コース	文芸コース
ドキュメンタリーコース	編集コース	

https://www.eiga.ac.jp/

頑張るミニシアター①
上田映劇と深谷シネマ

NPO法人上田映劇は、2017年再開の「上田映劇」および2020年再開の「トラウム・ライゼ」(旧上田でんき館)という、徒歩で1分くらいの距離にある2つの劇場を運営しています。それぞれ1スクリーンずつあり、1日のうちに繰り返し上映することはなく、1日に1つのスクリーンで5種類くらいの映画が観られるという構成になっています。

高校生以下の鑑賞料金は500円で、さらに「うえだ子どもシネマクラブ」を作り、不登校の子どもたちなどからのリクエストに応じた映画を上映する日もあり、「子どもの居場所」としての映画館の役割を発揮しています。映画館を図書館のような、子どもたちや若者の「居場所」にしたいという狙いがあるようです。

上田市では「うえだ城下町映画祭・自主制作映画コンテスト」なども開催され、映画文化がまちづくり、ひとづくりに活かされています。もともと上田市は地方都市としては珍しく、昔から数多くの劇場公開映画作品のロケ地として使われ、現在もフィルムコミッションによる支援体制が健在で、絶え間なくロケが行われています。

“映画に魅せられた街上田”をキャッチフレーズに、映画文化の振興を図り、プロ、アマを問わず映画制作に関わる者が集う拠点になることを目指しています。

http://www.uedaeigeki.com

埼玉県の県北・深谷(ふかや)市のミニシアター「深谷シネマ」は、深谷市民の声を集めてできた映画館です。以前は市内の商店や銀行の空き店舗などを使い、2010年からは市内にある酒蔵を改装し、60席1スクリーンのミニシアターとして現在に至っています。日本で唯一、酒蔵を改装してできた映画館として話題になっています。首都圏にあるミニシアターは、市場的には十分なくらいの商圏人口があっても、競合が激しいので、経営環境は地方にあるミニシアターと変わりがありません。商工会議所が中心となり、街中賑わい創出事業として、NPO法人市民シアター・エフを設立し、場所を転々としながらも、現在まで元気に維持・管理されています。

http://fukayacinema.jp

映画産業と法律

一本の映画ができ上がると、その作品から派生する様々な利益を保護するための権利が与えられます。「著作権」と呼ばれ、誰しも耳にしたことがあるでしょう。しかし映画の場合、製作には大勢の人が関わっています。関わった全員を著作権者と解釈してしまうと、権利を行使する際に大きな混乱やトラブルが発生しかねません。映画の場合、著作権者はプロデューサーあるいは監督であるとされています。

この章では映画に関する著作権について、詳しく解説していきましょう。

1 著作者人格権と財産権

映画の著作権について説明する前に、一般に著作権とはどういうものなのか、正しく理解しておく必要があります。

著作権とは

著作権法第二条第一項第一号では、**著作物**について、「思想又は感情を創作的に表現したものであって、文芸、学術、美術又は音楽の範囲に属するもの」と定義しています。具体例としては、小説、音楽、舞踊、美術、建築、図形、映画、写真、コンピュータプログラムなどの創作物を指します。

著作権とは、著作物の創作者、すなわち著作者に保障される権利のことで、**知的財産権**（物品ではなく、思索による表現や技術などの功績と権益を保障するために与えられる財産権の一種）の一つです。著作権は、**著作者人格権**と**著作財産権**に分けられます。

著作者人格権

著作者人格権とは、基本的には著作者が精神的に傷付けられないようにするための権利といわれ、著作者の著作物に対する人格的利益の保護を目的として、次のような権利を対象にしています。

①公表権（著作権法第一八条）
②氏名表示権（著作権法第一九条）
③同一性保持権（著作権法第二〇条）

もともと、著作者人格権は著作者だけが持つ権利で、他人への譲渡はできません。また、著作者が死亡すれば、著作者人格権は相続されることなく消滅します。

著作財産権

一方、**著作財産権**とは著作物を財産として利用する権利で、一般に「著作権」といわれているものは、こちらを指すことも多くあります。

権利の内容としては、次のようなものがあります。

①複製権（著作権法第二一条）
②上演権・演奏権（著作権法第二二条）
③公衆送信権（著作権法第二三条）
④口述権（著作権法第二四条）
⑤展示権（著作権法第二五条）
⑥上映権・頒布権（著作権法第二二条の二・第二六条）
⑦貸与権（著作権法第二六条の三）
⑧翻訳権・編曲権・変形権・翻案権（著作権法第二七条）
⑨二次的著作物の利用権（著作権法第二八条）
⑩譲渡権（著作権法第二六条の二）。

著作物の定義

①「**思想又は感情**」を
②「**創作的**」に
③「**表現したもの**」であって
④「**文芸、学術、美術又は音楽の範囲**」に属するもの

創作物

小説　・　音楽　・　舞踊　・　美術
建築　・　図形　・　映画　・　写真
コンピュータプログラム
など

映画の著作権者とは

2

著作権法上、「映画」そのものの定義は設けられていませんが、前節で紹介した著作財産権の中にある「上映権・頒布権」など、一般の劇場用映画作品を念頭に置いての規定があります。

映画の著作権の一般原則

映画と動画の著作権は違います。動画のすべてが映画の著作物になるわけではなく、映像表現での創作性などが要求されてきます。また、映画を著作物として保護するためには、固定した物としての考え方が必要になってきます。そのため、例えばテレビの生放送などは、録画された物でなければ映画の著作物には該当しないのです。また、アニメも固定したものという考え方が必要とされますが、著作権法上の映画の著作物として、「映画の効果に類似する視覚的又は視聴覚的効果を生じさせる方法で表現され、かつ、物に固定されている著作物を含む」とあり、映画を収録したビデオテープやDVDも映画の著作物として保護されています。

映画の著作権者

著作権法第一六条に「映画の著作物の著作者は、その映画の著作物において翻案され、又は複製された小説、脚本、音楽その他の著作物の著作者を除き、制作、監督、演出、撮影、美術等を担当してその映画の著作物の全体的形成に創作的に寄与した者とする」という規定があります。

また、著作権法第二九条には「映画の著作物の著作権は、その著作者が映画製作者に対し当該映画の著作物の製作に参加することを約束しているときは、当該映画製作者に帰属する」とあり、映画製作者は「映画の著作物の製作に発意と責任を有する者」であるため、映画の著作権は映画製作会社に帰属しています。

著作者人格権・著作隣接権

しかし、前に述べたように「著作者人格権」(同一性保持権、氏名表示権、公表権)は、映画監督や美術監督などにも認められています。

さらに、**著作隣接権**というものもあります。

これは実演家、レコード製作者、放送事業者および有線放送事業者に対して認められる権利ですが、この人たちは、著作物などを人々に伝達する者であって、著作物の創作者ではありません。しかし、重要な伝達機能を有していることと、伝達に際して著作物の創作に準ずる創作行為が認められることから、この人たちの利益を保護することで、著作権者の十分な保護を図ろうとしています。映画製作における著作隣接権の関係では、俳優が演技することが「実演」とみなされることから、「実演家」の権利が発生し、氏名表示権や同一性保持権という権利のほか、「著作隣接権」として、録音・録画権や放送権、放送の使用料請求権、送信可能化権、二次使用料を受ける権利、譲渡権、貸与権などが発生しています。

著作者の権利

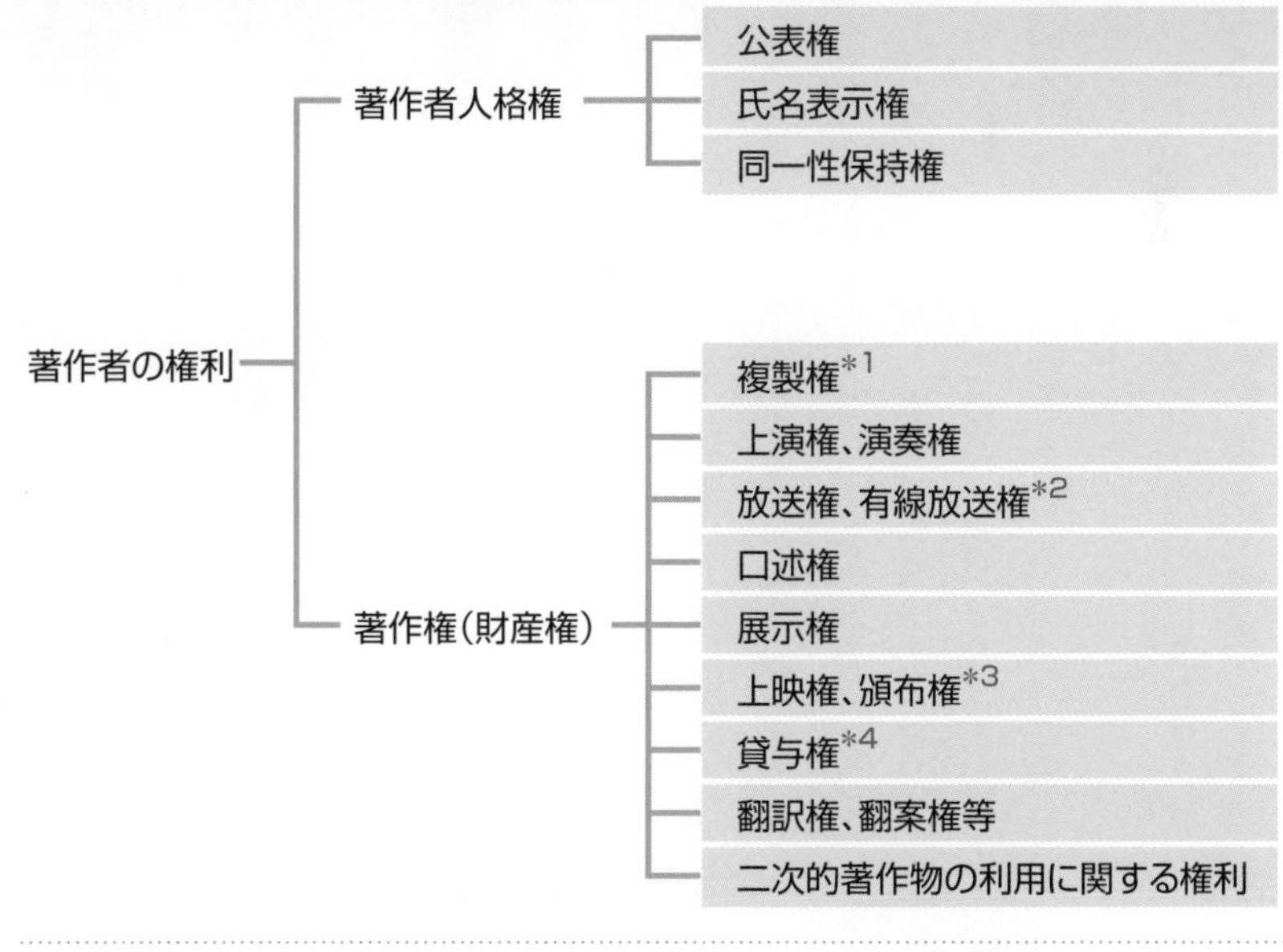

- 著作者の権利
  - 著作者人格権
    - 公表権
    - 氏名表示権
    - 同一性保持権
  - 著作権(財産権)
    - 複製権*1
    - 上演権、演奏権
    - 放送権、有線放送権*2
    - 口述権
    - 展示権
    - 上映権、頒布権*3
    - 貸与権*4
    - 翻訳権、翻案権等
    - 二次的著作物の利用に関する権利

*1 印刷、写真、複写、録音、録画などの方法で複製物を作る権利
*2 公衆送信権等
*3 映画の著作物のみ
*4 映画以外の著作物を公衆へ貸与する権利

3 複製権・上映権・頒布権

映画の著作者は、製作者であるプロデューサー、監督、美術監督、音楽家、脚本家など多くいます。しかし、それは人格権が認められただけで、映画の著作権に関わる多くの権利は映画製作会社に帰属しています。

映画に認められている著作権

映画の著作物は、他の著作物と比較して製作にかかる費用が巨額であり関わる人員も大勢いることや、伝統的に劇場上映のための配給という独特の制度が発展してきたことなどを考慮して、他の著作物には見られない特別の規定が設けられています。

従来、映画に関連した著作者の権利としては、複製権、上映・頒布権、貸与権、翻訳権などがありましたが、最近では、インターネットなどによる配信も行われているために、**公衆送信権**等の規定も及ぶようになってきました。また、原作の映画化やオリジナル作品のノベライズ化(小説化)では、二次的著作物の利用に関する権利の規定も関係してきます。

複製権

複製権とは、著作物を複製物に再製する権利で、著作権法第二一条に「著作者は、その著作物を複製する権利を専有する」とあります。複製の方法には印刷、写真、コピー、録音、録画など様々なものがあります。

現在では家庭においても簡単に複製物を作ることが可能になりました。しかし、著作権保有者の許諾を得ないまま、その複製物を人に譲渡したり、それによって利益を得ることは違法になります。このため、映画のＤＶＤなどにはコピーガードを付けるのが一般的になっています。違法に製造された複製物は**海賊版**と呼ばれ、映画の場合は海賊版のＤＶＤが出回り、国際的にも問題になっています。

上映権と頒布権

第二二条の二の**上映権**は、ビデオやDVDを使って公に上映する権利で、一般家庭でビデオやDVDを鑑賞する場合は別として、劇場以外の施設で映画の上映会を行うためには、権利者が許諾したフィルムや業務用ビデオを利用しなければならないという規定です。

また、第二六条の**頒布権**の規定では、映画作品を販売、貸与、譲渡する権利は映画の著作物の著作権者にのみ認められた権利です。また、著作権者は頒布の期間や地域についても決定することができます。

したがって、著作権者に無断で、海外から映画作品のビデオやDVDを輸入・頒布した場合や、著作者が指定した頒布の方法を守らない場合は、罰せられることになります。

例えば、販売専用のDVDをレンタルすると、これは著作権者が定めた方法を守っていないことになり、著作権法違反とみなされます。

映画の権利処理の際に考慮しなければならない権利

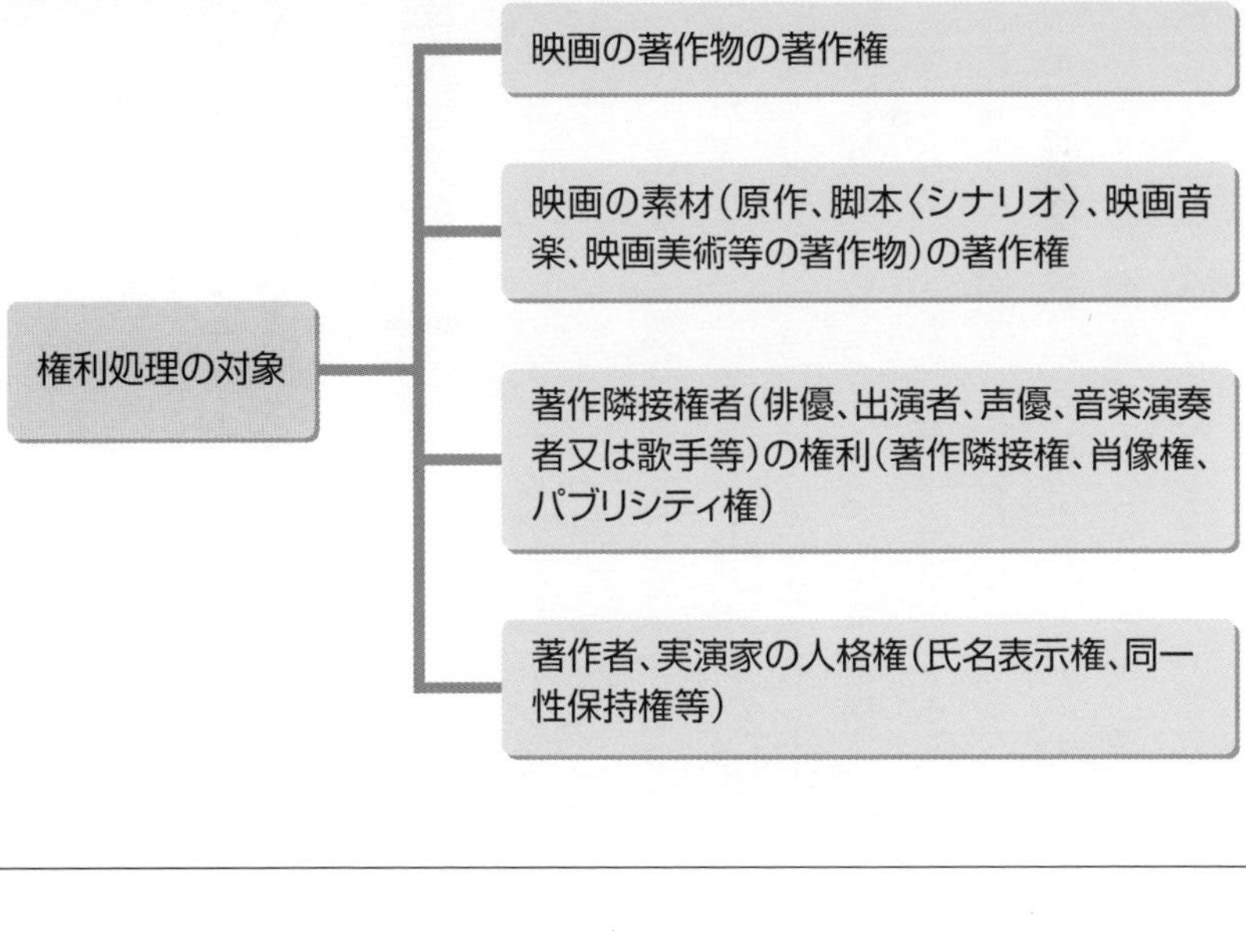

- 権利処理の対象
  - 映画の著作物の著作権
  - 映画の素材(原作、脚本〈シナリオ〉、映画音楽、映画美術等の著作物)の著作権
  - 著作隣接権者(俳優、出演者、声優、音楽演奏者又は歌手等)の権利(著作隣接権、肖像権、パブリシティ権)
  - 著作者、実演家の人格権(氏名表示権、同一性保持権等)

4

著作権の保護期間

それぞれの著作物には、その著作権の保護期間があります。環太平洋パートナーシップ（TPP）協定発効に伴う改正著作権法（二〇一八年施行）により、著作物、実演等の保護期間が延長されました。

保護期間

それぞれの著作物には、その著作権の保護期間がありますが、映画の場合には、著作権法第五十四条に「映画の著作物の著作権は、その著作物の公表後七〇年（その著作物が創作後七〇年以内に公表されなかったときは、その創作後七〇年）を経過するまでの間、存続する」、「映画の著作物の著作権がその存続期間の満了により消滅したときは、当該映画の著作物の利用に関するその原著作物の著作権は、当該映画の著作物の著作権とともに消滅したものとする」とあります。

また映画以外の、音楽や絵画など他の著作物の著作権については、TPP協定の内容を国内に反映させるかたちで、七〇年に延長するという内容になっています。

保護期間の計算

二〇〇三年の法改正で映画の保護期間が五〇年から七〇年に延長されたとき、付則でも二〇〇四年一月一日の時点で著作権が消滅している著作物については、新法の適用がないものと定められました。また、著作権保護期間の計算方法については、著作権法第五十七条で、「期間の終期を計算するときは、（中略）著作物が公表され若しくは創作された日のそれぞれ属する年の翌年から起算する」と明記されました。

ところが、施行日の解釈のズレにより、一九五三年に公開された映画の著作権がその日本の著作権法に基づき二〇〇三年で終了しているか、あるいは二〇二三年まで存続するかという問題が起きたことがあります。

二次的著作物の創作権

ある外国の小説を日本語に「翻訳」した場合のように、一つの著作物を「原作」とし、翻訳・編曲・映画化・表現形式の変更などのかたちで、新たな創作性を加えて創られたものは、原作となった著作物とは別の著作物として保護されます。このような著作物は、**二次的著作物**と呼ばれています。小説を「映画化」したものも二次的著作物にあたり、この権利を一般に二次的著作物の創作権と呼んでいます。映画などの場合は、翻案権(脚色、映画化等)にあたります。

最近、ハリウッド映画で日本映画のリメイク作品が多く製作されていますが、このリメイクも二次的著作物といえるものです。

この二次的著作物を利用する場合は、二次的著作物の創作者の了解を得る必要があることはいうまでもありませんが、原作の著作者についても了解が必要で、一般にこれを二次的著作物の利用権(第二八条)と呼んでいます。

column

映画と文学

1935年に創設され、日本で一番有名な文学賞である芥川賞・直木賞。2021年上半期で165回を数えますが、これまで受賞した作品のうちで映像化されたものは、全体の半数以上に上ります。

過去には芥川賞(第34回)を受賞した『太陽の季節』、最近では直木賞(第143回、148回)を受賞した『小さいおうち』や『何者』といった作品も映画化され、ヒットしました。芥川賞や直木賞は知名度も高く、受賞作品を原作にすることでプロモーションが容易になります。また、映画製作のための資金調達がしやすくなる、というメリットも生まれます。しかし、必ずしも「受賞作がヒットする」という法則があるわけでもないところが映画化の難しさ。原作の魅力を活かし切る脚本の工夫や、演出、配役の妙が求められるといえるでしょう。

5 肖像権とパブリシティ権

人は誰でも、自分の肖像について肖像権という権利を持っています。さらに映画俳優などの有名人は、肖像や氏名について、パブリシティ権という権利を持っています。

肖像権

著作権とは違い、**肖像権**には明文化された法律はなく、憲法一三条の「生命、自由及び幸福追求に対する国民の権利」から派生し、「身体・名誉・信用・肖像・氏名などの、個人の人格に関わる利益の保護を目的とした権利(人格権)」に位置付けられています。

このことから、人間はみだりに自己の肖像を撮影されない権利や、撮影された肖像写真や作成された肖像の利用を拒絶する権利を持ち、広告物やポスター、放送などでは、無断で肖像や氏名を利用されないという権利を持っていることになります。そのため、当人に無断で肖像や氏名が使われた場合には、肖像権の侵害にあたる旨を主張することができます。

著名人の法理

肖像権は憲法に定められた国民の権利から派生しているために、すべての人に認められた権利です。しかし、映画俳優やテレビタレント、歌手、プロスポーツ選手などの、いわゆる著名人である場合には、「公衆に自己をさらす職業を自らの意思で選択した。つまり、肖像権の一部を放棄したとみなされる」という特殊性により、肖像権の保護が及ぶ範囲は限定されてきます。著名人が自己の肖像や氏名について侵害を主張できるのは、肖像や氏名の使用方法や目的などからみて、著名人の名誉を著しく毀損させた場合に限定されます。その代わり、著名人には**パブリシティ権**が認められています。

パブリシティ権

著名人であるがゆえに、肖像や氏名が顧客の吸引など経済的利益や価値につながる場合には、これを排他的に支配する財産的権利として、**パブリシティ権**があり、いくつかの判例を通じて、概念が形成されていきました。パブリシティ権は、人の肖像・氏名に関する権利であるという、人格権としての側面がある一方、保護されるべきは、著名人・有名人が有するその氏名、肖像の営利的利用権で、無断使用などはその侵害にあたるということです。

日本で最初にパブリシティ権の存在を認めた判例が、「マーク・レスター事件」です。

マーク・レスターという人気俳優が出演した映画のワンシーンが、当人の許諾を得ずに、あるチョコレートメーカーのＴＶコマーシャルに利用され、別のチョコレートメーカーのＴＶコマーシャルに出演することを予定していたマーク・レスターが、肖像権を侵害されたとして損害賠償を求めた裁判です。

肖像権とパブリシティ権

▼肖像権

(1) みだりに自己の肖像を撮影されない権利(撮影拒絶権)

(2) 撮影された肖像写真や作成された肖像の利用を拒絶する権利(利用拒絶権)

▼パブリシティ権

(1) 著名人が自己の肖像、氏名について侵害を主張できるのは、その肖像等の使用方法、態様、目的等からみて、著名人等の評価、名声、印象を著しく低下させる(名誉毀損)など、特殊な場合に限定される

(2) 著名人には、肖像権の保護される範囲が制限される代わりに、パブリシティ権が認められる

映画のレイティングシステム

映画鑑賞は、あらゆる世代から支持されているレジャーですが、性や暴力など、作品によっては青少年に悪影響を及ぼすものも少なくありません。

映倫の歴史

日本では古くから**映画倫理規程**という自主規制を行ってきました。

終戦と同時に日本を占領した連合軍の最高司令部（GHQ）は、映画業界に対して自主的な審査機関の設置を示唆します。これを受けて一九四九年に「映画倫理規程」を制定し、「映画倫理規程管理委員会」を発足させました。これが「旧映倫」と呼ばれる機関です。その後、一九五六年に公開された『太陽の季節』の審査をめぐって、業界内の機関では手ぬるいという批判が高まり、管理委員を外部の有識者に委嘱し、映倫の運営を映画界から切り離すなどの組織変更を行い、その後の変遷を経て現在の**映倫***が誕生しました。

映倫審査

映画館で組織する全国興行生活衛生同業組合連合会（全興連）との申し合わせにより、映倫の審査を終了したものでなければ上映しないことになっていることから、現在は、委員長を含む五名の管理委員のもとに、映画界の各分野からの出身者七名の審査員によって、年間約六〇〇本の劇場用映画・予告編・ポスターなどの審査を行っています。

作品の審査にあたっては、映画の芸術性や表現の自由の基準がいつも論点になります。特に青少年に対しては映画の与える影響を重視して、作品を主題・題材とその表現の仕方に応じ、年齢別に四段階に区分し、作品によっては青少年の劇場への入場を制限します。

6

用語解説
＊**映倫**　一般財団法人映画倫理機構の略称。
＊**…の仕組み**　映画倫理機構ホームページより。

レイティングの基準

一九七六年に「中学生以下の鑑賞には成人保護者の同伴が必要な映画」にR指定が定められ、一九九八年には年齢によって、PG12、R15、R18そして年齢制限のない一般映画の四つに区分されました。さらに二〇〇九年の「映倫の大改革」の際にその名称が次のように若干改定されました。

・G（一般）…年齢にかかわらず誰でも鑑賞できる
・PG12……一二歳未満の年少者の鑑賞には親または保護者の助言・指導が必要
・R15+……一五歳以上（一五歳未満は鑑賞禁止）
・R18+……一八歳以上（一八歳未満は鑑賞禁止）

また従来は、主に性的シーンの有無がレイティングに際して大きな要素になっていましたが、一九九〇年代以降は、猟奇的な犯罪などが発生していたのを受けて、暴力や殺人など反社会的なシーンの描写についてのウエイトが高まっています。

映画および宣伝広告審査の仕組み*

作品・宣伝広告審査

映画各社

（上映）
全興連加盟全国各劇場

7 映画産業に関わる様々な契約

権利と約束事項を明確にするのが契約書であり、映画プロデューサーの主たる仕事は契約書の管理だといっても過言ではありません。

著作物権利者との契約

劇映画（フィクション映画）の多くは、原作となる小説や劇画などが存在し、それを題材にして製作されますが、原作の著作者には、著作権法第二七条に定められた**映画化権**があります。また、原作者にとって映画は二次的著作物にあたり、上映権や頒布権なども発生することから、権利の保護とその対価については、契約書にこと細かく記載する必要があります。

また、劇画の場合には、漫画家だけでなく、原作者、出版社も権利を持っていることから、劇画そのものの権利関係を明確にしておかなければなりません。

脚本家との契約

脚本については、脚本家自らの書き下ろしか、原作を脚本化したものかによって、権利の関係が変わってきます。別に原作があってそれを脚本化した場合には、原作者と脚本家との間で、映画化権の譲渡が行われ、さらに脚本家と映画会社との間でも、映画化権に関する取り決めを行う必要があります。

監督が脚本家であるケースも多く、その場合には、監督との契約の中で、脚本の映画化権や著作権についての取り扱いを明確にしておく必要があります。

このほか、映画会社と脚本家との間では、二次使用に関する契約も細かく取り交わされます。

共同事業体契約と制作請負契約

共同事業体契約は、製作委員会に参加する会社が、幹事会社を中心に交わす契約書で、出資比率や利益配分、二次利用などの役割その他について、細かく取り決めています。また、**制作請負契約**は共同事業体と制作会社との間で締結される契約で、制作費の支払い予定や納期、その他映画制作にあたっての細かい約束事項などが契約書に盛り込まれます。

最近よく問題になるのが、**完成保証**です。建設などと同じように、天災など免責事項は定められるものの、あらかじめ決められた予算の中で、期日までに完成し、納品することが求められます。これまでも、監督とのトラブルや出演者の不祥事などで完成が遅れたり、制作会社の契約不履行によって制作が中止になり訴訟問題に発展するなどのケースがありました。

さらに、テレビ放映権や海外での配給権、インターネットによる配信権、キャラクターグッズなどのマーチャンダイジング権、リメイク権などが発生し、その都度契約が交わされ、契約の履行が求められます。

契約書上記載されているかどうかのチェックをすべき事項

- ☑ 映画化権の譲渡契約（著作権法第27条）か、1回または複数回の映画化を許諾する映画化契約（著作権法第63条）か
- ☑ （映画化許諾契約である場合）映画化許諾の内容（映画化の回数、用途〈劇場用、テレビ放送用、CATV放送用、衛星放送用等のいずれか、またはその全部か〉の別など）
- ☑ 原作を利用して作成した映画の上映、当該映画のビデオグラム化権（頒布権）の付与
- ☑ インターネットでの配信、オンデマンド上映、携帯コンテンツとしての配信等の許諾の有無
- ☑ リメイク権の有無（海外リメイク版が作られる場合の翻訳、翻案権）
- ☑ 上映等が許諾されるテリトリー（例えば、海外の映画祭に備えて海外での上映等の許諾も取得しておくなど）
- ☑ クレジット表示の仕方の詳細
- ☑ 対価がいかなる権利の許諾に対する対価か

8 法務部（コンプライアンス室）の仕事

6-7節で解説したように、映画会社では様々な契約書が作られます。同時に、著作権や商標権も発生します。それらの業務を一括して取り扱うのが法務部（コンプライアンス室）の仕事で、特にコンプライアンス（法令順守）への姿勢は企業倫理として内外から厳しく問われています。

映画会社におけるコンプライアンス

映画会社の経営に関わる法令の中でも特に強く関わってくるのが、「個人情報保護法」「景品表示法」と「下請法」「消費税転嫁対策特別措置法」などで、専門部署に寄せられる相談案件もこれらの法律に関するものが多くなっています。さらに、この章で解説してきた著作権とそれに関係する訴訟事件の対応や盗撮による海賊版映像ソフトの販売など刑事事件に関する訴訟案件なども、法務部の仕事として担当しています。

映画製作では、共同製作の契約や委託契約、監督、脚本家、出演者などとの個別契約、さらには資金調達での金銭消費賃借契約や投資関係の契約などがあります。

事例「東映コンプライアンス指針」

「役員及び従業員は、会社が顧客、株主、社員、取引先企業その他全ての関係者の理解と協力のもとに成立していることを確認し、行動の基本原則としてコンプライアンス指針を定めます」と最初に書かれています。

さらに、「観客を感動させ、楽しませる映像作品を製作し、顧客を満足させるサービスを提供することにより、社会的な貢献を行います」、「法律、社会的規範その他のルールを遵守し、内外から批判を受けるような行動はとりません」とあるほか、ハラスメント行為の禁止や反社会的勢力との不適切な関係の排除などにも触れています。

映画館経営と法律

映画館は「興行場法」で定められている「興行場」で、興行場は、常設と臨時または仮設構造の別なく、条例の構造設備基準にすべて適合している必要があります。ただし、もっぱら野外で行う興行場や臨時または仮設構造の興行場は、都道府県の保健所長が条例に基づき公衆衛生上支障がないと認めるときは、一部の基準を適用しないことができるとされています。

コロナ禍以前から映画館の換気については法律で厳しく定められ、通常（住宅・アパート）の八・三倍、一般事務所の約一〇倍の換気が義務付けられています。

さらに、映画の盗撮の防止に関する法律が、議員立法により成立し、二〇〇七（平成一九）年五月三〇日に公布され、同年八月三〇日から施行されています。

この法律は、映画の盗撮によって作成された映画の複製物が多数流通し、映画産業に多大な被害が発生していることにかんがみ、映画の盗撮を防止するために必要な事項を定め、もって映画文化の振興および映画産業の健全な発展に寄与することを目的としています。

映画製作における主要な契約書

❶監督との契約

❷キャストとの契約

❸脚本家との契約

❹制作会社との制作契約

❺配給契約書／二次利用契約書

下請け先の多いアニメ製作においては、上記のほかに下請け取引の適正化のために、きめ細かなアニメ制作委託契約書が必要となる。

頑張るミニシアター②
日田リベルテとシアター・エンヤ

九州のおへその位置にあるといわれる大分県日田(ひた)市という小さな町に、小さくて自由な映画館があります。「日田リベルテ」で、63席の小さな劇場です。人口7万人の町で、市民に支えられながらも、個人事業として小さな町に小さな映画館を経営し、コロナ禍の中でも創意工夫しながら営業を続けています。ホームページによれば、劇場内での音楽ライブやワークショップもできるサロンのようなカフェスペースとギャラリースペースがあり、映写機を残すため、文化を残すために、未来の担い手である子どもたちに向けての活動をしている、とのことです。

http://hita-liberte.com

その大分県日田市からそう遠くない距離にあるのが、佐賀県唐津(からつ)市で2019年に再開した「シアター・エンヤ」です。映画館の名称は地元の「唐津くんち」という祭りのかけ声「エンヤ」から付けられました。1スクリーンで客席は62席あり、やはりここも市民サポーター組織がしっかりしている映画館です。映画を切り口としたまちづくりとして、「子ども映画づくりワークショップ」や、「ティーチイン・イベント」という映画関係者との交流会、「フクシネマ」という福祉をテーマとした上映会などをやっています。フクシネマという企画は、福祉と映画が一緒になる事業で、サポーター上映会組織が主催しています。このほか、「唐津映画祭」の実行委員会もあり、映画館を支援する市民組織は強固になっています。

https://theater-enya.com

第7章 地域振興と映画産業

コロナ禍により、レジャーの行動も身近な観光地を回る「マイクロツーリズム」などが中心となっています。地域の振興計画においても、映画やテレビドラマ、漫画、アニメなどの映像コンテンツ産業と連携して、旅行者の誘致に努めている自治体が増えています。

映像製作を支援するフィルムコミッションの設立、地域ブランディング戦略としての「ご当地映画」の製作、地域名を冠した映画祭の企画、古くからあった映画館の活用、ロケのオープンセットをそのまま保存して観光施設に活用……など、全国各地で、「映画」を切り口とした様々な取り組みが行われています。

映画産業への国の支援策

1

二〇〇一年に制定された文化芸術振興基本法（二〇一七年改正で「文化芸術基本法」となる）に基づき、国では「日本映画・映像振興プラン」が作られ、文化庁による本格的な映画振興が始められました。

映画産業支援の歴史

知的財産推進計画は、二〇〇三年に最初の推進計画が閣議決定され、芸術、文化、デジタルコンテンツなど、いわゆる無形の財産に対する国の関心が高まり、それに関連する様々な支援策が行われてきました。映画産業の関連政策としては、知的財産の保護として、「模倣品・海賊版対策の強化」が盛り込まれたほか、コンテンツを活かした文化創造国家への取り組みとして、コンテンツビジネスを飛躍的に拡大することが目標に掲げられてきました。

二〇〇六年からは、「観光立国推進基本計画」が策定され、新たなコンテンツの活用や、インバウンドの推進策としての支援が始まりました。

クールジャパン戦略として

さらに二〇一二年度からは、「国際競争力の高い魅力ある観光地の形成」「観光産業の国際競争力の強化と観光振興に寄与する人材育成」「国際観光の振興」「観光旅行促進のための環境整備」の四項目が重要施策として位置付けられています。

その具体的な施策の一つとして、映画を観光資源としたニューツーリズムの促進が掲げられ、各地のフィルムコミッション等と地域が連携し、ロケ地を誘致する取り組みの支援を打ち出しています。

また、「プロモーション活動の支援」や「官民出資の投資ファンドを設立し、産業化に向けたリスクマネーの供給」などを実施しています。

コロナ禍での文化芸術復興創造基金の創設

新型コロナウイルスの感染拡大でダメージを受けている演劇、音楽、映画などの芸術団体を対象とした支援策として、官民共同による**文化芸術復興創造基金**が創設されました。この基金はコロナ禍により活動を自粛せざるを得なかった文化三ジャンルに携わる人たちが、「#WeNeedCulture」を合言葉に合流し、国に支援を呼びかけたことから設けられたものです。

映画の関係では、それまで全国のミニシアターの多くが持続化給付金や雇用調整助成金などの国の支援制度に加えて、ミニシアター・エイド基金、独自のクラウドファンディングや物販、および借入などでなんとか苦境を乗り越えてきていました。しかし、コロナ禍の長期化により、それらの支援策でも不十分となり、文化庁には「文化芸術活動の継続支援事業」などの緊急支援策を求めてきました。ミニシアターも申請の対象となったものの、新たに企画されたイベントに対して一部を支援するのみであるなど、まだまだきめ細かいものにはなっていません。

「クールジャパン戦略」映画・アニメ等コンテンツ関連予算

文部科学省

- ●国際共同製作映画支援事業
- ●海外映画祭出品等支援事業
- ●短編映画作品製作による若手映画作家育成事業
- ●メディア芸術発信支援事業
- ●若手アニメーター等人材育成事業
- ●海賊版対策事業

など

総務省

- ●模倣品・海賊版拡散防止拠出金
- ●国際共同製作による地域コンテンツの海外展開に関する調査研究
- ●コンテンツ流通促進事業

など

経済産業省

- ●クール・ジャパン機構
- ●コンテンツ産業強化対策支援事業

など

2 フィルムコミッションの現状

二〇〇〇年から、映画の制作者に地域のロケ地情報を流したり、ロケの実施を支援する組織として、フィルムコミッション（FC）が設立され始め、FCを設立する動きが全国各地に広がりました。

地域における映画制作支援の関連主体

現在、「特定非営利活動法人ジャパン・フィルムコミッション」には一〇九の団体と、行政や業界団体など一四の関係団体が加盟しています。

地域における映画制作の手順として、FCなどロケ受け入れ機関への相談から始め、次にロケ候補地の選択、ロケハンの実施、最終候補地への依頼と交渉を経て、ロケ地決定、撮影へと進みます。ロケ受け入れ地域では、自治体などの行政や観光関連事業者団体、ロケ地周辺の住民などが、ロケ受け入れの団体を構成し、制作が進んでいきます。地域住民の理解と協力が不可欠で、魅力的な映像となるロケ地の情報のほか、撮影許可・届出・申請などの手続きへの支援を求めています。

FCの三原則

FCは、映画やテレビドラマ、CMなどあらゆるジャンルのロケーション撮影を誘致し、実際のロケをスムーズに進めるための非営利団体です。文化庁が全国のFCと連携しながら開設している「全国ロケーションデータベース（JL-DB）」では、全国の約六〇〇〇カ所のロケ地情報と一四七のFCを紹介しています。

FCを構成し、映画会社やテレビ局に提案活動や情報発信を行うには、次の三原則を守らなければなりません。

①非営利公的機関であること
②ワン・ストップ・サービスの提供
③作品内容は問わない

FCの現状と課題

年々、FCの支援作品の件数は増加傾向にあり、最近は海外の映画会社やテレビ局からの支援依頼も増えています。しかし、語学の問題や生活上の慣習などの違いもあり、全国的には人材不足が指摘されています。

ロケ誘致による経済的効果は、ロケ期間中のみならず、映画の公開時や半年後のビデオ販売、その後のテレビ放映など、長期間続くことが魅力で、地域によっては観光協会や商工会、自治体の観光課など、観光に関係する団体が広域的にFCの中核を担ったり、業務を兼ねているところも出てきました。その一方で、地域間でのロケ誘致運動も活発化しているために、近隣地域であっても、FCの連携がうまくいかなくなっています。また、日本国内では撮影に伴う許認可手続きが複雑で、窓口の一元化もできていないという問題も指摘されています。さらに、海外の作品では著作権の問題や事務所との契約の問題、配給上の問題などもあり、撮影に協力しても、地域活性化には結び付かないケースも出ています。

コロナ禍でのフィルムコミッション

コロナ禍の中、2020年8月に公開した映画「弱虫ペダル」のロケを支援した、静岡県浜松市の浜松フィルムコミッション（FC）が、「2021年のJFC（ジャパン・フィルム・コミッション）アウォード」で最優秀賞を受賞しています。

この賞は、JFCが映画やドラマの撮影場所を発掘したり、ロケ地を地域のPRに活用したりした団体を表彰する制度で2015年から始まったものです。2021年は19団体がノミネートされ、浜松FCが初めて最優秀賞を獲得し、4団体が優秀賞に選ばれています。浜松FCでは、コロナ禍が続く中でも地域と連携した撮影や、ロケ地巡りを企画して映画ファンの誘致につなげたことが評価されました。この映画は同名の人気漫画が原作で、高校自転車競技部の青春ストーリーを描いたもので、浜名湖ガーデンパークなどでロケをしています。

3 地域発信型映画の盛り上がり

FCの設立とともに、自治体や地方の経済界が出資して地方で映画を作り、まずはその地方を中心に公開して、やがて全国展開する、という「ご当地映画」（地域発信型映画）に取り組む地域も増えてきました。

地域発信型映画（ご当地映画）とは

ある特定の地域を舞台にしてドラマが展開していく映画作品ですが、いままでは観光映画としての色合いが強く、ドラマとしての作りが粗雑な印象を与えていました。また、当初は**ご当地映画**と呼ばれていましたが、その呼び方でも、単に地元と癒着したような安易な映画という印象があったことから、最近では**地域発信型映画**と呼ぶことが多くなってきました。

定義としては、「特定の地域で大半のシーンが撮影され、かつ、その地方でしか作れない設定」の映画となっています。また、企画段階から自治体やFC、地域住民などが深く関わっていることが、重要な条件になっています。

期待される効果

単なる観光映画と違い、全国で劇場公開されることを前提とした映画作品が制作されることで、地域にとっては直接的な経済効果だけではなく、地域の文化向上や地域コミュニティの再生などの面でも、大きな効果が期待されてきます。

直接的な経済効果としては、ロケ隊の滞在による効果や観光客の増加などですが、映画制作そのものが地域にとっては物珍しく、お祭りのようなものであり、イベント効果が見込まれます。同時に、映画作品の舞台になることは地域の誇りであり、郷土愛を醸成することにもつながる期待があります。

映画会社にとっての効果

地域発信型映画の製作は、映画会社にとっても、新しい興行形態につながります。

制作に協力した地域では、威信をかけて興行成功に向けた取り組みに力を注ぎ、様々なパブリシティを駆使して、地方から中央への情報発信に取り組みます。

映画会社においても、地方で大ヒットさせられれば、口コミ効果などにより、大都市での興行もやりやすくなってきます。

一方、国や地方自治体でも、映画を切り口とした地域振興策が活発化してきました。国の文化芸術振興基本法（現・文化芸術基本法）の制定と、それを受けた文化庁の地域主導の映画製作に対する助成などの動きに反応して、各地方公共団体がＦＣの設立や地域発信型映画づくりへの意欲を高めてきました。さらに、文化庁では引き続き、地域において企画・制作される映画などの制作費の一部や人材育成などの費用に対して補助を行っています。また、経済産業省では地方都市のまちづくりの一環として映画館への支援を行っています。

地域における映像制作支援の関連主体

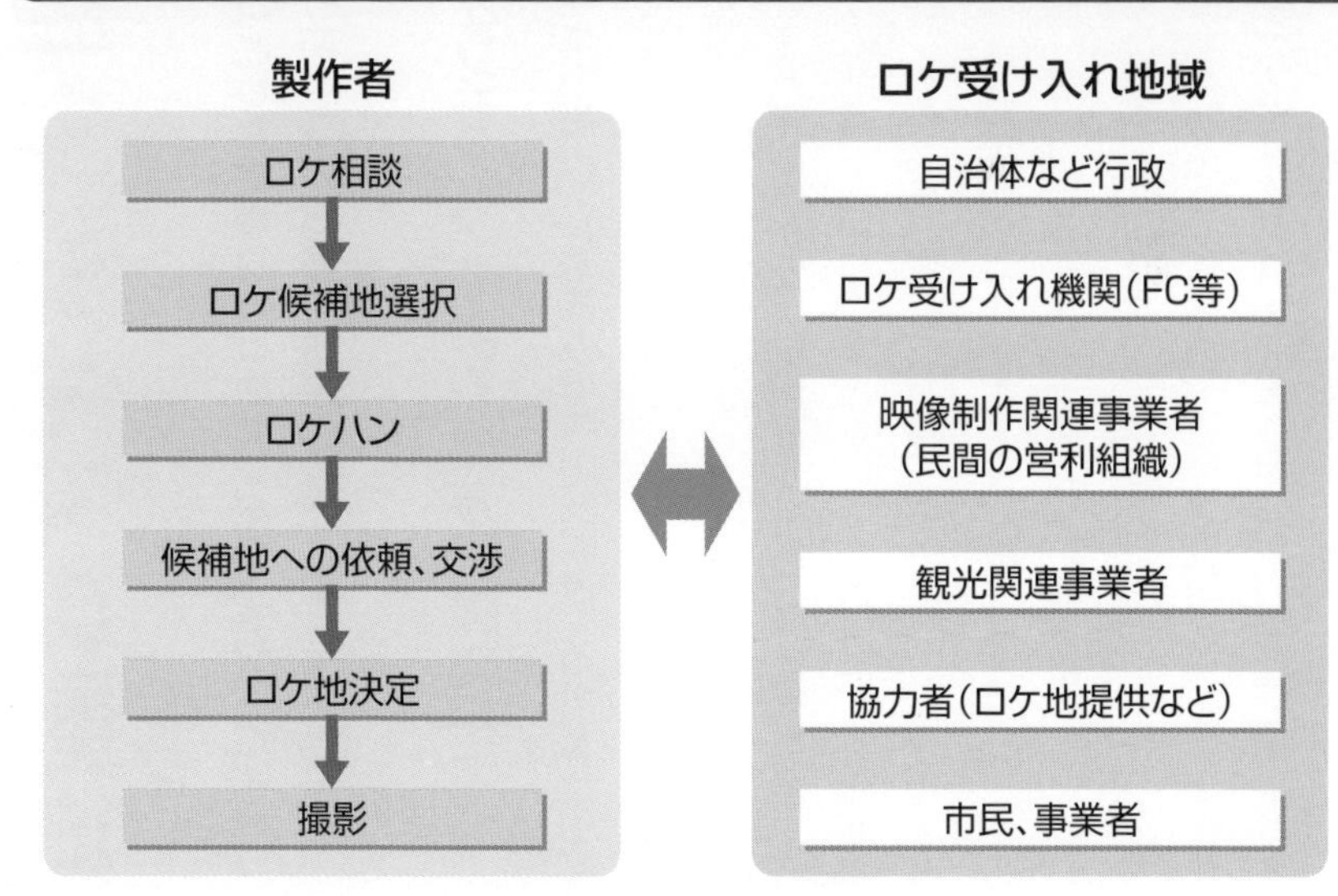

4 地方映画祭とコミュニティシネマの動向

地方における映画・映像文化の振興、および映画を切り口とした地域コミュニティの形成や地域イベントの創出を図るため、地方単独での映画祭やコミュニティシネマ*の活動が活発化してきました。

国内映画祭の形態

現在、日本国内の百近くの都市で映画祭が開催されていますが、その形態は多種多彩です。

冠となる映画祭のタイトルでは、「地名」を冠したもの、次に「ドキュメンタリー」とか「ミステリー」「コメディー」「外国映画」など映画のジャンルを冠したものが多く、その土地出身の監督や俳優などにちなんだ作品だけを上映するもの、新人監督のコンテストを兼ねたものなどもあります。また、主催団体も自治体、市民団体、民間企業など、それぞれで異なります。

独立行政法人日本芸術文化振興会では、映画祭を開催することを主たる目的とした実績のある団体に対し、国際映画祭の助成を行っています。

オンラインによる地方映画祭

コロナ禍により、地方の映画祭開催も全国各地で影響を受けました。

地方の小規模な映画祭のほとんどは映画好きの地元の有志がボランティアで運営しており、公共施設で客席数の削減や時短要請、あるいは外出自粛による休館要請などもあり、映画祭の開催を中止したところもあれば、映画文化の灯を絶やさないよう、オンラインでの開催に踏み切るところも目立ちました。

映画祭として歴史のある「ゆうばり国際ファンタスティック映画祭」や「京都国際映画祭」「鶴岡食文化映画祭」などはオンラインを活用しての開催で、「ドライブインシアター」で開催したところもありました。

＊コミュニティシネマ　はっきりとした定義はないが、おおむね、地方において行われる地域密着型の上映活動を指す。

コミュニティシネマとは

地方都市において映画祭や自主上映などを行っている団体などが集まり、「映画上映ネットワーク会議」が開催され、地方都市の映画環境をめぐる諸問題などについて議論されてきました。最近では、シネマコンプレックスの進出に伴う中央市街地の既存映画館の相次ぐ閉館で、上映作品における多様性が失われつつあることなどが指摘されてきました。そのため、一般社団法人の「コミュニティシネマセンター」が設立されています。

コミュニティシネマの形態は大きく四つに分類することができます。その一つは「市民自発型」の開催です。上映会場の確保から上映プログラムの立案、運営まですべて市民が行い、自治体などの支援を受けながら開催するかたちのものです。

「映画祭＋行政型」は、映画祭を運営している組織がその活動を恒常的なものとすることを目指し、新たに場を作り、公共上映を行うやり方です。そのほかに、「中心市街地再生型」およびフィルムコミッションが中心の「行政主導型」もあります。

スローシネマという上映方式、映画『じんじん』

2013年に製作された映画『じんじん』は、全国劇場公開ののち、「スローシネマ」方式で、全国の市町村での上映を行っています。

この「スローシネマ」という方式は、県や市町村などで実行委員会を立ち上げ、公共ホールや公民館などで、地域上映会というスタイルで公開する方式です。

『じんじん』では、100人規模の上映会から1400席規模のホールでの上映会まで、また首長が率先して上映会に参加した市町村もあれば、たった3人の実行委員会で1000人規模のホールを満員にした地域もあるなど、様々な形態で上映が行われ、成功した作品の1つになっています。

5 シネマツーリズムによる地域振興

映画やテレビドラマなどの舞台となった地域では、ロケ地やオープンセット、原作に登場する風景などをめぐる旅を旅行会社などに提案しながら、観光の振興を図っています。

観光資源としてのロケ地

ロケ地をめぐる観光は古くから盛んに行われてきました。東宝映画の「喜劇駅前シリーズ」や松竹の「寅さんシリーズ」、東映の「トラック野郎シリーズ」など、主人公が全国を旅する設定のシリーズ映画などで、地方自治体などとタイアップしてきました。

また、国内に限らず、アメリカやフランスでも、映画と観光振興は密接な関係を持ってきました。アメリカ西海岸のパッケージツアーでは、ハリウッドや本場のディズニーランドの見学が不可欠になっています。

最近は韓国映画のブームから、韓国のロケ地をめぐる旅行企画が大ヒットするなど、映画製作の前段階から外国の観光局や旅行会社との交渉が行われています。

フィルムコミッションとの連携で

7-2節で解説したように、映画を切り口とした地域振興が盛り上がりを見せる近年、全国各地にフィルムコミッションが設立され、映画やドラマのロケ地を観光資源として積極的に活用しようという動きが全国的に見られるようになりました。

大手の旅行会社も、国内観光企画のマンネリ化から、**シネマツーリズム**への取り組みに力を入れるようになりました。最近では各地のフィルムコミッションと連携して、ロケ地となった土地の観光資源に詳しいフィルムコミッションが、ツアーの全体的な構成や監修を行い、旅行会社が旅行の企画・実施を担うといった例が出てきています。

映画をテーマとした観光施設

映画を地域振興の切り口にしようという最近の動きの中で、映画をテーマとした観光施設が全国各地で作られています。その形態としては、**オープンセット**や大道具、小道具として使用したものをそのまま保存して資料館*としたもの、地元出身の映画監督や脚本家、原作者の記念館*、映画作品そのものをテーマとした記念館*などがあります。

新潟県上越市の「高田世界館」は、一九一一（明治四四）年、旧高田市本町の現地に開業した芝居小屋「高田座」で、その後間もなく映画館に転身し、現在もなお当時のままの姿を伝える日本最古の現役映画館です。

木組みの天井になっているホールと、昔のままの映写室が見どころで、映画上映がフィルムからデジタル映像に移行し、全国からフィルム映写機が消えていった現在でも、フィルム上映という近代技術遺産を継承し、年数回のフィルム上映会も開催しています。

国の登録有形文化財や近代化産業遺産にも登録され、全国でも貴重な映画文化遺産となっています。

シネマツーリズムの推進

*…**資料館**　庄内映画村、二十四の瞳映画村、映画『男たちの大和』オープンセットなど。
*…**の記念館**　西河克己映画記念館、三沢市寺山修司記念館、木下恵介記念館、伊丹十三記念館など。
*…**とした記念館**　葛飾柴又寅さん記念館など。

6 地域の文化活動としての映画鑑賞会

映画館などが立地していない地域の人たちにも映画を鑑賞してもらえる事業として、前述のコミュニティシネマによる出張上映会や、子ども世代を対象とした映画体験（スクリーン体験）などがあります。

映画センター全国連絡会議の活動

映画センター全国連絡会議は、一九七二年に大都市の映画配給会社八センターが集まって設立された組織で、現在は北海道から九州まで二二の都道府県の映画センターや映画館が参加してしています。

同センターは、地方都市の映画館が次々に閉館していく中で、「映画を観たくても観られない人たち」が増加してきたことが背景となっています。

地域それぞれに上映実行委員会を組織し、公共施設などの手配のほか、上映会の開催を呼びかけていく広報活動などを行い、映画センターでは配給のほか、出張機材の手配やレンタル、映写技師の派遣などを行っています。

一般社団法人こども映画教室の活動

こども映画教室は、二〇〇四年に金沢で、金沢コミュニティシネマの活動の一環として始まり、その後活動の拠点を東京に移し、任意団体として「こども映画教室」を続けてきました。その後、二〇一九年一月に法人化し、「一般社団法人こども映画教室」となりました。

映画鑑賞や映画制作のワークショップ、公教育における映画教育の実施、映画教育を考えるシンポジウムの開催などを手がけています。

コロナ禍の影響により、最近は映画にまつわる短時間集中型オンライン・ワークショップとして、脚本教室や風景映画制作の教室を行っています。

社会福祉協議会とコラボする映画館

山形県鶴岡市では、閉館した市内の映画館の土地・建物を鶴岡市社会福祉協議会が取得し、映画館として機能してきた建物を残して改修し、福祉関係の事務所機能を移転させるとともに、映画の上映機能を維持して、地元商店街が経営するまちづくり会社に運営を委託することを決めました。

かつて木造の織物工場だった建物の保全と映画館の存続を望む市民の声に配慮した改修で、エントランスホールは介護予防のスペースとして整備する考えです。映画上映の機能としては、座席数四〇席と八〇席の二つのシアターを交流スペースとして活用し、福祉をテーマとした映画や教育映画、そして中央市街地の活性化に活かせる娯楽性の強い映画なども興行として上映する予定としています。

また、映画に限らず、寄席やライブ活動などの公演も計画し、市民ボランティアも参加する、福祉と芸術文化を融合させる、新しいコミュニティの場としての運営を考えています。

鶴岡まちなかキネマ

鶴岡市の中心商店街の裏手にある、築80年を越えた木造絹織物工場を映画館に改装したもの（デザイナー、プランナー：高谷時彦氏）。2020年に閉館したものの、鶴岡市社会福祉協議会が土地建物を取得し、80席と40席の映写室を残し、2022年秋、社会福祉協議会の事務所機能に併設する形で、新しい映画館として再開する予定。

頑張るミニシアター③ 映画館cafeガシマシネマ

新潟県の佐渡島(さどがしま)に、2017年4月にオープンした「映画館cafeガシマシネマ」。2010年に佐渡島に移住した店主が、佐渡金山の鉱山長住宅であった築約80年の木造平屋家屋を借り受け、7割方を家族のDIY作業で改修して、個人事業として運営しています。定員20名のお茶の間シアターです。

毎月2作品を上映し、ときには“かしましねまの会”(映画感想おしゃべり会)を開催したり、まれに、他社の企画にスペースを貸したりもしています。コロナ禍の2020年8月には、佐渡発祥の太鼓芸能集団「鼓童(こどう)」のオンラインイベント会場となりました。

店主の堀田弥生さんは会津若松出身で、新潟での学生時代、「シネ・ウインド」でのアルバイトを機に映画館の面白さに魅せられ、東京のミニシアターへ就職しました。

――「BOX東中野」「ポレポレ東中野」で足かけ10年近く社員として映画館運営に携わりました。「暮らし×映画文化」を実現すべく選択した佐渡で、それまでの経験を活かし、ブッキングからチラシ制作、集客、もぎり、映写まですべて1人でこなします。トークゲストに土地の名士を招いたり、cafeスペースに“今月の本棚”を設けて映画に関連した本を並べたり。佐渡のお客様が喜びそうな作品を選ぶのが何よりの楽しみで、『万引き家族』では500人以上を集客しています。

――いまはネットでも動画が見られる時代。最初は地方の映画館cafeの料金設定に悩み、ワンドリンク付き1000円からスタートしました。しかし、旧作だけでなく新作に近い作品も上映できるようになり、ドリンクなし1200円にしてもお客様が減ることはなく、カフェメニューの売れ行きも伸びました。堀田さんは「心地のいい環境で映画を観る付加価値」が大切だと感じる一方、配給会社には土地それぞれの料金設定にもっと理解を示し協力してほしいと考えています。

2020年の夏には、雨漏りする屋根をクラウドファンディングで修繕し、地元の方からも多くの寄付が寄せられたそうです。土地土地の歴史的建造物を活用して魅力ある空間を作ることは、ローカルシネマの大きな価値となります。

https://gashimacinema.info/

結びに

筆者（佐々木）はいま、映画草創期のサイレント（無声）映画に語りを付ける「活動写真弁士」（略して活動弁士、活弁士、活弁）を生業（なりわい）の一つにしています。「活弁」は日本で発達した映画文化です。海外では、映画が誕生してからごく初期の頃は説明者がいましたが、カメラの進化や映画の撮影・編集技術の向上とともに、サイレントの映像の中にインサートされた字幕と生演奏のみで鑑賞されるようになりました。

一方、日本には浄瑠璃や歌舞伎、写し絵などの語り物の文化が根付いていたことから、一八九六（明治二九）年にキネトスコープが神戸に上陸して以来、トーキー（発声映画）に取って代わられるまで、弁士がスクリーン脇で〝ライブ説明〟するのが常でした。弁士は映像中の字幕を頼りに自身で台本を作成し、基本的に全役のセリフも語ります（複数の声優による生アテレコのように一人で声色を使い分ける「声色掛け合い説明」もありました）。弁士によって、同じ作品でも印象が変わるため、客は人気弁士を抱える映画館へ集中し、弁士は人気と地位と給料を上げようと話術や個性を磨きました。全盛期には全国に八〇〇〇人もいたといわれ、声優、アナウンサー、ナレーターの元祖でもある弁士は花形の職業だったのです。二〇一九年一二月に公開された周防正行（すおまさゆき）監督の映画『カツベン！』は、そんな活動弁士たちの世界を描いた作品で、当時の無声映画、活弁文化へのオマージュが散りばめられていました。

現在の活弁士は、全国に一五人ほどになりました。無声映画時代の作品を、当時と同じようにスクリーン脇でライブ説明するエンターテイナーであるとともに、「活弁」という文化を伝える担い手でもあります。

自分で台本を作成し語るのは昔の弁士と同じですが、当時はあたりまえだった作品中の風習や時代背景、作品や俳優に関する情報を伝える役割も担っています。ワークショップや学校公演、講演によって「活弁」を子どもたちや若い世代に知ってもらう活動もします。ネット配信時代、活弁をYouTubeなどで披露する機会もこれから増えそうです。

「活弁」の、字幕と語り付きで映像を楽しむ上映スタイルは、現代における「バリアフリー映画」――耳が不自由な方のための「日本語字幕」や、目が不自由な方のための「音声ガイド」を備えて上映する映画――にもつながっています。

「耳が不自由で邦画が見たくても見られない」という声や、「目が不自由なためセリフや環境音でなんとなくストーリーをつなぐけれど、映像に何が映っているのかわからず楽しめない」という声は以前からありましたが、二〇〇〇年代半ばまでは、字幕や音声ガイドの付いた映画はほとんどなく、ボランティアの方々が個別に対応していたのが実情です。

製作側や劇場側にしてみれば、そもそも目や耳の不自由な方を観客として想定してこなかったこともありますし、字幕や音声ガイドの制作費を賄うほどの視聴数増加は見込めないという見解がありました。

「障害者のための情報保障を」「みんなが一緒に楽しめるバリアフリー映画を」と、国や映画関係者、自治体、メディア、当事者、各支援団体の啓蒙活動や、映画の情報保障機器の開発が活発になり始めたのが二〇〇七年頃からです。

各地で「バリアフリー映画祭」が開催され、ライブ音声ガイド付き上映やシンポジウム、よりわかりやすい日本語字幕や音声ガイドに関する研究、開発機器のモニターも重ねられました。

音声ガイドの制作団体は全国各地に発足し、映画館でFMラジオの電波を飛ばした音声ガイド付き上映を行ったり、公共施設などでバリアフリー上映会が行われました。そうした活動の広がりもあり、年を追うごとに日本語字幕付き・音声ガイド付きの映画の本数が増え、公開と同時には難しくても、DVDに付与するケースが多くなっていきます。

障害者差別解消法が施行された二〇一六年からは、スマートフォンや眼鏡型端末といった情報機器を使うことで、劇場側に特別な視聴環境がなくてもバリアフリー対応が可能になり、障害当事者も公開と同時に楽しめる作品が飛躍的に増えました。

「バリアフリー映画」は、視聴覚障害者だけではなく、高齢者や学習障害のある人にも有用です。健常者にとっても発見のある「新たな映画の見方」ともいえ、障害や共生社会を考える一つのきっかけにもなり得ます。一度は体験してほしいものです。

映画産業は昔もいまも、そしてジャンルを問わず、娯楽（エンターテイメント）産業であることに変わりはありません。娯楽は人々に感動や安らぎ、ときめきなどを与え、日頃忘れている人間性を呼び戻してくれる効果があります。

コロナ禍に苦しむ現代社会にあって、人と人との付き合いは、ますます無機質なものになり、殺伐とした世の中になってきました。そんな中で、多くの人々が、癒やされるひとときを求めるようになっているのではないでしょうか。

映画は人類の財産、時代を切り取る鏡です。全世界のあらゆる世代に映画は、懐かしさ、新しさ、温かさ、やさしさ、そして心躍る楽しさを与えてくれるエンターテイメントです。

本書の執筆を終えたいま、改めて、活弁を生業としてきた自分に誇りを感じるとともに、いつかテレビで見た映画評論家の「いやぁ、映画って本当に面白いですね」と語る言葉に、共感を覚えます。本書が、これから映画産業の一角を担おうとする若い方々の動機付けの一冊になれば、共著者としてこの上ない喜びになります。

二〇二一年八月　佐々木亜希子

参考サイト

アニメ！アニメ！　https://animeanime.jp/

映画史探訪　https://www5f.biglobe.ne.jp/~st_octopus/MOVIE/MOVIEINDEX.htm

全国ロケーションデーターベース　https://www.jldb.bunka.go.jp/

映画産業振興機構　https://www.vipo.or.jp/

シネマワーカー　https://www.cinemaworker.pagaloo.com

Data

資料編

契約書で定義されている「事業化」の権利*

(1) 公共に開かれ、定期的に映像作品を上映し入場料を徴収する、通常の形態の映画館およびドライブ・イン・シアターにおいて、観衆にむけての直接の映像作品の上映を目的に、映像作品を利用する権利を、以下、「劇場権」という。

(2) 教育機関・教会・飲食店・列車・図書館・赤十字の施設・油田掘削施設等の、通常定期的に映像作品を上映しない施設、および大使館・軍事基地・軍用船・その他ライセンス先の地域に属する政府機関の施設において、それらの施設内及び施設周辺の観衆にむけての直接の映像作品の上映を目的に、映像作品を利用する権利を、以下、「非劇場権」という。ただし、「コマーシャル・ビデオグラム権」・「パブリック・ビデオ権」・「航空機権」・「船舶権」および「ホテル権」で定義される内容は、これに含まれない。

(3) VHS,Beta,8mm等現在存在し、将来開発される全てのタイプのビデオカセットあるいはビデオディスク（以下、「ビデオグラム」という）を上映し・または貸し出し、入場料・あるいは施設内のビデオ機器の使用料を徴収する、ビデオシアターやそれに類する施設において、ビデオグラムに記録された映像作品を利用する権利を、以下、「パブリック・ビデオ権」という。

(4) 教育機関・教会・飲食店・列車・図書館・赤十字の施設・油田掘削施設等の、通常定期的に映像作品を上映しない施設、及び大使館・軍事基地・軍用船・その他日本の政府機関の施設において、それらの施設内及び施設周辺の観衆にむけての直接の映像作品の上映を目的に、ビデオグラムに記録された映像作品を製造・販売する権利を、以下、「コマーシャル・ビデオグラム権」いう。ただし、この形態の映像作品の利用は、「非劇場権」の中で定められる利用形態とは重複しない範囲内に留められなければならない。また、「非劇場権」・「パブリック・ビデオグラム権」・「航空機権」・「船舶権」及び「ホテル権」で定義される内容は、これに含まれない。

(5) 入場料を徴収しない個人の私的生活空間内において、時間軸に沿って記録された映像作品を個人的に視聴することのみのために貸し出すことを目的に、現在存在し、将来開発される全てのタイプのビデオカセットに記録された映像作品を利用する権利を、以下、「レンタル用ホーム・ビデオカセット権」という。

(6) 入場料を徴収しない個人の私的生活空間内において、時間軸に沿って記録された映像作品を個人的に視聴することのみのために販売することを目的に、現在存在し、将来開発される全てのタイプのビデオカセットに記録された映像作品を利用する権利を、以下、「セルスルー用ホーム・ビデオカセット権」という。

(7) 入場料を徴収しない個人の私的生活空間内において、時間軸に沿って記録された映像作品を個人的に視聴することのみのために貸し出すことを目的に、現在存在し、将来開発される全てのタイプのビデオディスクに記録された映像作品を利用する権利を、以下、「レンタル用ホーム・ビデオディスク権」という。

(8) 入場料を徴収しない個人の私的生活空間内において、時間軸に沿って記録された映像作品を個人的に視聴することのみのために販売することを目的に、現在存在し、将来開発される全てのタイプのビデオディスクに記録された映像作品を利用する権利を、以下、「セルスルー用ホーム・ビデオディスク権」という。

(9) 事業化権利のライセンス先の地域内のいずれかの国に属している航空会社が管理している航空機内で、映像作品の直接の上映のみを目的に、映像作品を利用する権利を、以下、「航空機権」という。ただし、通常同権利のライセンス先の地域の外からライセンスを受けている航空会社・および同権利のライセンス先の地域内で営業していても同地域外の国に所属している航空会社は、ここから除かれる。

(10) 事業化権利のライセンス先の地域内のいずれかの国に属している船舶会社が管理している、海または大洋を航行する船舶内で、映像作品の直接の上映のみを目的に、映像作品を利用する権利を、以下、「船舶権」という。ただし、通常同権利のライセンス先の地域の外から認可を受けている船舶会社・および同権利のライセンス先の地域内で営業していても同地域外の国に所属している船舶会社は、ここから除かれる。

(11) ホテル・モーテル・賃貸アパート／マンション・共同住宅・あるいは分譲アパート／マンションなどの一時的あるいは恒久的生活空間で、それらの建物の内部あるいは隣接した場所から行われる有線テレビ放送方式を利用した映像作品の直接の上映のみを目的に、映像作品を利用する権利を、以下、「ホテル権」という。

(12) 放送される番組の中に映像作品を含むチャンネルを、現在存在し、将来開発される全てのタイプのデコーダを使って個人の家庭で視聴する個人、および同チャンネルをデコーダを使って受信しそれを各部屋に再送信するホテル等の一時的居住空間の経営者、の両者から視聴料を徴収する通信衛星あるいは放送衛星を使って放送しているチャンネルで、映像作品を放送する権利を、以下、「有料衛星放送権」という。ただし、送信者も受信者も共に同権利をライセンスされた地域の内に存在していなければならず、衛星の信号の受信可能範囲も同地域内に限られる。

(13) 放送される番組の中に映像作品を含むチャンネルを、現在存在し、将来開発される全てのタイプのデコーダを使って個人の家庭で視聴する個人、および同チャンネルをデコーダを使って受信しそれを各部屋に再送信するホテル等の一時的居住空間の経営者、の両者から視聴料を徴収する同軸ケーブルあるいは光ファイバーケーブルを使って放送しているチャンネルで、映像作品を放送する権利を、以下、「有料CATV権」という。

(14) 放送される番組の中に映像作品を含むチャンネルを、現在存在し、将来開発される全てのタイプのデコーダを使って個人の家庭で視聴する個人、および同チャンネルをデコーダを使って受信しそれを各部屋に再送信するホテル等の一時的居住空間の経営者、の両者から視聴料を徴収するヘルツ波あるいはマイクロ波を使って放送しているチャンネルで、映像作品を放送する権利を、以下、「有料地上波放送権」という。

(15) 視聴者からいかなる視聴料をも徴収しない、通信衛星あるいは放送衛星を使って放送しているチャンネルで、映像作品を放送する権利を、以下、「無料衛星放送権」という。ただし、送信者も受信者も共に同権利をライセンスされた地域の内に存在していなければならず、衛星の信号の受信可能範囲も同地域内に限られる。また、政府が運営するチャンネルが受信料として徴収する税金は、視聴料とはみなされない。

(16) 視聴者からいかなる視聴料をも徴収しない、同軸ケーブルあるいは光ファイバーケーブルを使って放送しているチャンネルで、映像作品を放送する権利を、以下、「無料CATV権」という。ただし、政府が運営するチャンネルが受信料として徴収する税金は、視聴料とはみなされない。

(17) 視聴者からいかなる視聴料をも徴収しない、ヘルツ波あるいはマイクロ波を使って放送しているチャンネルで、映像作品を放送する権利を、以下、「無料地上波放送権」という。ただし、政府が運営するチャンネルが受信料として徴収する税金は、視聴料とはみなされない。

(18) 放送者がスケジュールを決定し放送する番組から、視聴者がホテル等の一時的居住施設内で任意に選択して視聴し、視聴するためのデコーダ使用料が視聴される番組毎に視聴者から徴収される方式の放送で、映像作品を放送する権利を、以下、「家庭外PPV権」という。

(19) 放送者がスケジュールを決定し放送する番組を、視聴者が個人の家庭内で任意に選択して視聴し、視聴するためのデコーダ使用料が視聴される番組毎に視聴者から徴収される方式の放送で、映像作品を放送できる権利を、以下、「家庭内PPV権」という。

(20) 個々の視聴者が家庭で、番組を任意に選択して視聴し、視聴するためのデコーダ使用料が視聴される番組毎に視聴者から徴収される方式の送信で、映像作品を送信する権利を、以下、「ディマンド・ビュー権」という。

(21) 映像作品そのもの・あるいはそれを翻案したもの（朗読・演技・音楽演奏・パントマイム等）を、直接観衆の前で・あるいは生放送（いったん録音・録画等されたものの放送は含まれない）を通じて行う権利を、以下、「パフォーマンス権」という。ただし、映像作品を宣伝・広告する目的で行われる15分以下のパフォーマンスは、ここから除かれる。

(22) 映像作品の中で演じられたキャラクターの名称・外観・性質等を原案とした・あるいはそのまま使用した有形物、および映像作品の中で登場した・あるいは使用された有形物を、販売する権利を、以下、「商品化権」という。

(23) 映像作品をハードカバー・あるいは文庫本として小説化し、印刷・出版する権利、および映像作品で使用するために制作されたアートワーク・ロゴ・スチル等をそうした出版物に使用する権利を、以下、「出版権」という。

(24) コンピュータ機器上で作動し、ユーザが直接鑑賞・操作するインタラクティブ・マルチメディア作品、およびユーザのコンピュータ機器に保存されるインタラクティブ・マルチメディア作品、ユーザのコンピュータ機器に接続された他のコンピュータ機器に存在しユーザのコンピュータ機器からアクセスされるインタラクティブ・マルチメディア作品を販売する権利を、以下、「インタラクティブ・マルチメディア権」という。

(25) ユーザのコンピュータ機器がインタラクティブ・マルチメディア作品にアクセスするための双方向送信・受信が可能な、そしてインタラクティブ・マルチメディア作品を保存しそれを離れた場所にあるユーザのコンピュータ機器に送信することが可能なコミュニケーション・システム上で、インタラクティブ・マルチメディア作品を利用する権利を、以下、「インタラクティブ・ネットワーク・マルチメディア権」という。

契約書で定義された事業化の権利のうち集合的に使用される権利の内容*

(1)「劇場権」・「非劇場権」および「パブリック・ビデオ権」から構成される包括的権利を、以下、「上映権」という。

(2)「レンタル用ホーム・ビデオカセット権」および「セルスルー用ホーム・ビデオカセット権」から構成される包括的権利を、以下、「ホーム・ビデオカセット権」という。

(3)「レンタル用ホーム・ビデオディスク権」および「セルスルー用ホーム・ビデオディスク権」から構成される包括的権利を、以下、「ホーム・ビデオディスク権」という。

(4)「レンタル用ホーム・ビデオカセット権」および「レンタル用ホーム・ビデオディスク権」から構成される包括的権利を、以下、「レンタル用ホーム・ビデオグラム権」という。

(5)「セルスルー用ホーム・ビデオカセット権」および「セルスルー用ホーム・ビデオディスク権」から構成される包括的権利を、以下、「セルスルー用ホーム・ビデオグラム権」という。

(6)「レンタル用ホーム・ビデオグラム権」および「セルスルー用ホーム・ビデオグラム権」から構成される包括的権利を、以下、「ホーム・ビデオグラム権」という。

(7)「ホーム・ビデオグラム権」および「コマーシャル・ビデオグラム権」から構成される包括的権利を、以下、「ビデオグラム権」という。

(8)「航空機権」・「船舶権」および「ホテル権」から構成される包括的権利を、以下、「付随的権利」という。

(9)「有料衛星放送権」・「有料CATV権」および「有料地上波放送権」から構成される包括的権利を、以下、「有料テレビ放送権」という。

(10)「無料衛星放送権」・「無料CATV権」および「無料地上波放送権」から構成される包括的権利を、以下、「無料テレビ放送権」という。

(11)「有料衛星放送権」および「無料衛星放送権」から構成される包括的権利を、以下、「衛星放送権」という。

(12)「有料CATV権」および「無料CATV権」から構成される包括的権利を、以下、「CATV権」という。

(13)「有料地上波放送権」および「無料地上波放送権」から構成される包括的権利を、以下、「地上波放送権」という。

(14) 以上の「家庭外PPV権」・「家庭内PPV権」および「ディマンド・ヴュー権」から構成される権利を、以下、「PPV権」という。

(15)「有料テレビ放送権」および「無料テレビ放送権」から構成される権利を、以下、「テレビ放送権」という。

＊…の権利/…の内容　「コンテンツ・プロデュース機能の基盤強化に関する調査研究」(経済産業省)を参考に作成。

「制作請負契約書」に盛り込まれる主な内容

1. 制作品名
2. 監　督
3. 脚　本
4. 主　演
5. 納品素材
6. 撮影使用素材
7. スケジュール
年　　月　　　撮影開始
年　　月　　　撮影終了
年　　月　　　日迄に素材納品
8. 請負金額　　　　　　　　　円（消費税別）
第1条　（目的） 第2条　（請負業務の内容） 第3条　（制作保証） 第4条　（所有権・著作権） 第5条　（権利処理） 第6条　（制作場所） 第7条　（甲への調査・報告） 第8条　（納入） 第9条　（検収） 第10条（本映画の宣伝） 第11条（素材の帰属） 第12条（請負代金と支払方法） 第13条（本映画が完成されない場合の精算） 第14条（解約） 第15条（権利義務の譲渡等） 第16条（紛争の解決） 第17条（成功報酬） 第18条（契約期間） 第19条（契約の変更等）

映画／アニメの教育機関一覧

大学

東北芸術工科大学
〈デザイン工学部・情報デザイン学科映像コース、メディア・コンテンツデザイン学科コンテンツプロデュース〉
山形県山形市
https://www.tuad.ac.jp/

城西国際大学
〈メディア学部・メディア情報学科映像コア〉
千葉県東金市
https://www.jiu.ac.jp/

東京芸術大学
〈美術学部・先端芸術表現科〉
茨城県取手市
http://ima.fa.geidai.ac.jp/

尚美学園大学
〈芸術情報学部・情報表現学科〉
埼玉県川越市
https://www.shobi-u.ac.jp/

立教大学
〈現代心理学部・映像身体学科〉
埼玉県新座市北野
https://cp.rikkyo.ac.jp/

工学院大学
〈情報学部・情報デザイン学科〉
東京都新宿区西新宿
https://www.kogakuin.ac.jp/

成城大学
〈文芸学部・芸術学科〉
東京都世田谷区成城
https://www.seijo.ac.jp/

日本映画大学
〈映像科、俳優科〉
神奈川県川崎市麻生区
https://www.eiga.ac.jp/

大学院

宝塚大学
〈東京メディア芸術学部大学院・メディア芸術研究科〉
東京都新宿区西新宿
https://www.takara-univ.ac.jp/tokyo/graduate_school/

デジタルハリウッド大学
〈デジタルコンテンツ研究科・デジタルコンテンツ専攻〉
東京都千代田区神田駿河台
https://gs.dhw.ac.jp/

東京工科大学
〈バイオ・情報メディア造形研究科・メディアサイエンス専攻〉
東京都八王子市
https://www.teu.ac.jp/grad/

東京大学
〈大学院情報学環・学際情報学府〉
東京都文京区本郷
https://www.iii.u-tokyo.ac.jp/

日本大学
〈芸術学研究科・映像芸術専攻〉
東京都練馬区旭丘
https://nihon-u-gsa.com/

東京芸術大学
〈大学院映像研究科・映画専攻・メディア映像専攻・アニメーション専攻・映像メディア学専攻〉
神奈川県横浜市中区
https://fm.geidai.ac.jp/

九州大学
〈芸術工学研究院・視覚情報部門〉
福岡県福岡市南区
https://www.design.kyushu-u.ac.jp/

京都大学
〈大学院人間・環境学研究科・映画メディア合同研究室〉
京都府京都市
https://kucms.org/

武蔵野美術大学
〈造形学部・映像学科〉
東京都小平市
https://www.musabi.ac.jp/

明星大学
〈造形芸術学部・造形芸術学科〉
東京都青梅市
https://www.meisei-u.ac.jp/

慶應義塾大学
〈環境情報学部・メディアデザイン〉
神奈川県藤沢市
https://www.sfc.keio.ac.jp/

横浜国立大学
〈教育人間科学部・マルチメディア文化課程〉
神奈川県横浜市保土ケ谷区
https://www.ynu.ac.jp/

神奈川工科大学
〈情報学部・情報メディア学科コンテンツクリエイターコース〉
神奈川県厚木市
https://www.kait.jp/

静岡産業大学
〈情報学部・情報デザイン学科メディア映像コース〉
静岡県藤枝市駿河台
https://www.ssu.ac.jp/

長岡造形大学
〈造形学部・視覚デザイン学科写真・映像デザインコース〉
新潟県長岡市
https://www.nagaoka-id.ac.jp/

名古屋学芸大学
〈メディア造形学部・映像メディア学科映画・ビデオ系〉
愛知県日進市
https://www.nuas.ac.jp/

大阪芸術大学
〈芸術学部・映像学科、キャラクター造形学科〉
大阪府南河内郡河南町
https://www.osaka-geidai.ac.jp/

宝塚大学（東京）
〈東京メディア芸術学部、映画・マンガ・アニメ・ゲーム〉
東京都新宿区西新宿
https://www.takara-univ.ac.jp/tokyo/

多摩美術大学
〈芸術学部・情報デザイン学科メディア芸術コース〉
東京都世田谷区上野毛・八王子市
https://www.tamabi.ac.jp/

デジタルハリウッド大学
〈デジタルコミュニケーション学部・デジタルコンテンツ学科〉
東京都千代田区神田駿河台
https://www.dhw.ac.jp/

東京工芸大学
〈芸術学部・映像学科、アニメーション学科〉
東京都中野区本町
https://www.t-kougei.ac.jp/

明治学院大学
〈文学部・芸術学科映像芸術系列〉
東京都港区白金台
https://www.meijigakuin.ac.jp/

日本大学
〈芸術学部・映画学科〉
東京都練馬区旭丘
https://www.art.nihon-u.ac.jp/

早稲田大学
〈第一文学部・総合人文学科演劇映像専修〉
〈第二文学部表現・芸術系演習・映画研究入門〉
東京都新宿区戸山
https://www.waseda.jp/

東京造形大学
〈造形学部・デザイン学科映画専攻領域〉
東京都八王子市
https://www.zokei.ac.jp/

東京工科大学
〈メディア学部〉
東京都八王子市
https://www.teu.ac.jp/

桜美林大学
〈映画コース〉
東京都町田市常盤町3758
https://www.obirin.ac.jp/

専門学校・スクール等

経専音楽放送芸術専門学校
〈ビジュアルクリエイト専攻〉
北海道札幌市豊平区平岸
https://www.keisen-housou.com/

日本ナレーション演技研究所
〈声優〉
代々木、御茶ノ水、池袋、立川、町田、埼玉県大宮、柏、横浜、仙台、名古屋、京都、大阪、神戸
https://nichinare.com/

アミューズメントメディア総合学院
〈アニメーション学科、その他〉
東京都渋谷区東
https://www.amgakuin.co.jp/

イメージフォーラム映像研究所
〈映像制作コース〉
東京都渋谷区渋谷
http://www.imageforum.co.jp/school/

TMS東京映画映像学校
〈映像クリエイターコース、その他〉
東京都新宿区新宿
https://tf-tms.jp/

巴里映画シネマスクール
〈映画宣伝パブリシスト養成、洋画配給ビジネス〉
東京都渋谷区南平台
http://www.pariseiga.com/cinemaschool/2004/

代々木アニメーション学院
〈映像学部、アニメ学部〉
東京都渋谷区代々木
https://www.yoani.co.jp/

関西大学
〈文学部・総合人文学科映像文化専修〉
大阪府吹田市
https://www.kansai-u.ac.jp/

京都芸術大学
〈芸術学部・映画学科〉
京都府京都市左京区北白川
https://www.kyoto-art.ac.jp/

大阪成蹊大学
〈芸術学部・情報デザイン学科映像コース〉
京都府長岡京市調子
https://univ.osaka-seikei.jp/

立命館大学
〈映像学部〉
京都府京都市北区
http://www.ritsumei.ac.jp/cias/

宝塚大学（兵庫）
〈メディアコンテンツ学部・映像造形学科映画コース、メディア・コンテンツ学部コンテンツ・プロデューサ学科〉
兵庫県宝塚市
https://www.takara-univ.ac.jp/

神戸芸術工科大学
〈先端芸術学部・メディア表現学科映画専攻〉
兵庫県神戸市西区
https://www.kobe-du.ac.jp/

倉敷芸術科学大学
〈芸術学部・映像デザイン学科映像コース〉
岡山県倉敷市
https://www.kusa.ac.jp/

九州大学
〈芸術工学部・画像設計学科〉
福岡県福岡市東区
https://www.kyushu-u.ac.jp/

別府大学
〈文学部・国際言語・文化学科芸術表現コース〉
大分県別府市
https://www.beppu-u.ac.jp/

専門学校 東京ビジュアルアーツ
〈放送学科、映画学科〉
東京都千代田区四番町
https://www.tva.ac.jp/

映画美学校
〈フィクション・コース、ドキュメンタリー・コース〉
東京都中央区京橋
http://www.ejgabigakkou.com/

バンタンデザイン研究所
〈映画監督本科、映画ビジネス本科〉
東京都目黒区中目黒
https://www.vantan.com/

東京俳優・映画＆放送専門学校
〈映画制作科〉
東京都江戸川区西葛西
https://www.movie.ac.jp/

専門学校 日本工学院クリエーターズカレッジ
〈放送芸術科、マンガ・アニメーション科〉
東京都大田区西蒲田
https://www.neec.ac.jp/

日活芸術学院
〈映画創作科、映画技術科、映画美術科、特殊メイク科、シナリオ科、演技科〉
東京都調布市
https://www.nikkatsu.com/school/

放送芸術学院専門学校
〈映像クリエイター科、映画製作科〉
大阪府大阪市西区北堀江
https://www.bac.ac.jp/

日本写真映像専門学校
〈映像学科〉
大阪府大阪市住之江区
https://www.shasen.ac.jp/

九州ビジュアルアーツ
〈映画コース〉
福岡県福岡市博多区博多駅前3-8-24
https://www.kva.ac.jp/

東放学園映画専門学校
〈デジタル映画科、デジタル映像研究科、プロモーション映像科〉
東京都新宿区高田馬場
https://www.tohogakuen.ac.jp/movie/

映像テクノアカデミア
〈声優科、映像翻訳科〉
東京都新宿区新宿
https://www.vta.tfc.co.jp/

ニューシネマワークショップ
〈基礎クリエーターコース、基礎ディストリビューターコース〉
東京都新宿区早稲田町
https://www.ncws.co.jp/

ENBUゼミナール
〈演劇＆映像ゼミナール〉
〈映像科〉
東京都新宿区愛住町
http://enbuzemi.co.jp/

総合学園ヒューマンアカデミー
〈ビジュアルデザインカレッジ映像クリエーター専攻、放送制作専攻、その他〉
東京都新宿区高田馬場
https://ha.athuman.com/

早稲田大学 芸術学校
〈空間映像科〉
東京都新宿区大久保
https://www.waseda.jp/school/art/

シナリオ・センター
〈シナリオ作家養成講座、その他〉
東京都港区北青山
https://www.scenario.co.jp/

日本シナリオ作家協会 シナリオ講座
〈基礎科、研修科、特専科〉
東京都港区赤坂
http://www.scenario.or.jp/kouza/

デジタルハリウッド
〈CG・映像クリエーター専攻、映画監督＆映像ディレクター専攻、CGクリエーター専攻〉
東京都千代田区神田駿河台
https://school.dhw.co.jp/

国際情報ビジネス専門学校
〈デジタルクリエイター学科CG・ゲーム・アニメ・映像コース〉
栃木県宇都宮市
https://www.tbc-u.ac.jp/

宇都宮アート&スポーツ専門学校
〈アート&スポーツ学科　マンガ・アニメ分野〉
栃木県宇都宮市
https://www.ubdc.ac.jp/art/

中央情報大学校
〈クリエイティブデザイン学科〉
群馬県高崎市
https://www.chuo.ac.jp/cid/

東日本デザイン&コンピュータ専門学校
〈デザイン学科　コミックイラストコース〉
群馬県前橋市
http://www.yamasaki.ac.jp/design-com/comic-illust/

埼玉コンピュータ&医療事務専門学校
〈クリエイター科〉
埼玉県さいたま市大宮区
https://www.saitama-cmcc.ac.jp/

専門学校千葉デザイナー学院
〈ゲームCG・キャラクターデザインコース〉
千葉県千葉市中央区
https://www.cdg.ac.jp/

国際情報ビジネス専門学校
〈デジタルクリエイター学科〉
栃木県宇都宮市
https://www.tbc-u.ac.jp/course/dg-digiholly.php

東京デザイナー学院
〈映像デザイン科〉
東京都千代田区神田駿河台
https://www.tdg.ac.jp/

音響芸術専門学校
〈クリエイターズ・ディビジョン録音・PA技術科〉
東京都港区西新橋
https://www.onkyo.ac.jp/

国際映像メディア専門学校
〈映画・テレビ制作科〉
新潟県新潟市中央区古町通6番町976
https://www.i-media.cc/

北海道芸術デザイン専門学校
〈アニメ・ゲームクリエーター専攻〉
北海道札幌市北区
https://www.bisen-g.ac.jp/speciality/animegame/

札幌マンガ・アニメ&声優専門学校
〈アニメーションデザイン学科〉
北海道札幌市中央区
https://www.smg.ac.jp/td/

日本工学院北海道専門学校
〈CGデザイナー科〉
北海道登別市
https://www.nkhs.ac.jp/

仙台スクールオブミュージック&ダンス専門学校
〈パフォーミングアーツ科 声優本科〉
宮城県仙台市若林区
https://www.sendai-com.ac.jp/

専門学校日本デザイナー芸術学院
〈デジタルアニメ科〉
宮城県仙台市若林区
https://nichide.ac.jp/

専門学校デジタルアーツ仙台
〈イラスト・マンガアニメ科〉
宮城県仙台市青葉区本町
https://www.sugawara.ac.jp/digital/subject/manga/

仙台デザイン専門学校
〈グラフィックデザインコース〉
宮城県仙台市青葉区五橋
https://sds.ac.jp/

つくばビジネスカレッジ専門学校
〈ビジュアルデザイン学科〉
茨城県つくば市
https://www.tsg.ac.jp/

専門学校東京声優・国際アカデミー
〈声優養成科〉
東京都渋谷区恵比寿
https://tmaa.ac.jp/

東京デザイン専門学校
〈アニメーション科／マンガ科〉
東京都渋谷区千駄ヶ谷
https://www.tda.ac.jp/

日本デザイン福祉専門学校
〈マンガ・アニメ・キャラクター学科〉
東京都渋谷区千駄ヶ谷
https://ndc.ac.jp/

専門学校日本デザイナー学院
〈コミックイラスト科・マンガ科〉
東京都渋谷区
https://ndg.ac.jp/

専門学校 東京クールジャパン
〈アニメ総合学科〉
東京都渋谷区千駄ヶ谷
https://www.cooljapan.ac.jp/

専門学校デジタルアーツ東京
〈アニメ学科　マンガ・イラスト学科〉
東京都豊島区西池袋
https://www.dat.ac.jp/

創形美術学校
〈ビジュアルデザイン科アニメーション&コミック専攻〉
東京都豊島区西池袋
https://www.sokei.ac.jp/

大原情報ビジネス専門学校
〈マンガ・アニメ分野〉
東京都豊島区東池袋
https://school.o-hara.ac/ikebukuro/

尚美ミュージックカレッジ専門学校
〈声優学科〉
東京都文京区
https://www.shobi.ac.jp/

読売理工医療福祉専門学校
〈放送メディア系学科〉
東京都港区
https://www.yomiuririkou.ac.jp/course/

阿佐ヶ谷美術専門学校
〈コンテンツ学科　映像メディアコース〉
東京都杉並区
https://www.asabi.ac.jp/

御茶の水美術専門学校
〈デザイン・アート科〉
東京都千代田区
https://senmon.ochabi.ac.jp/

東京アニメーター学院専門学校
〈声優タレントコース　アニメーションコース　漫画家プロ養成コース〉
東京都千代田区三崎町
https://www.tag.o-hara.ac.jp/

東京アニメーションカレッジ専門学校
〈アニメ声優コース／アニメーターコース〉
東京都新宿区
https://www.tokyo-anime.jp/

日本電子専門学校
〈アニメーション科〉
東京都新宿区
https://www.jec.ac.jp/

東京マルチメディア専門学校
〈ビジュアルデザイン科〉
東京都新宿区
https://tmc.tsuzuki.ac.jp/

東洋美術学校
〈イラストレーション科／マンガ科〉
東京都新宿区
https://www.to-bi.ac.jp/

東京デザインテクノロジーセンター専門学校
〈クリエイターワールド　総合アニメーション専攻〉
東京都新宿区高田馬場
https://www.tech.ac.jp/

日本アニメ・マンガ専門学校
〈アニメーター科〉
新潟県新潟市中央区
https://web-jam.jp/

大阪美術専門学校
〈コミック・アート学科アニメコース〉
大阪市阿倍野区
https://www.bisen.ac.jp/

大阪デザイナー専門学校
〈アニメーション学科〉
大阪府大阪市北区
https://www.odc.ac.jp/

大阪情報コンピュータ専門学校
〈CG・映像・アニメーション系〉
大阪府大阪市天王寺区
https://www.oic.ac.jp/

大阪デザイン&ITテクノロジー専門学校
〈マンガ・アニメ分野〉
大阪府大阪市西区
https://www.oca.ac.jp/

穴吹デザイン専門学校
〈マンガ・アニメーション学科〉
広島県広島市南区
https://web.anabukih.ac.jp/

福岡デザイン専門学校
〈視覚情報デザイン分野　イラスト・アート〉
福岡県福岡市中央区
https://www.fds.ac.jp/

IDAインターナショナルデザインアカデミー
〈マンガデザインコース〉
沖縄県浦添市
https://www.ida.ac.jp/

大阪アミューズメントメディア専門学校
〈アニメーション学科／声優学科〉
大阪府大阪市
https://amg.ac.jp/

専門学校東京アナウンス学院
〈放送声優科〉
東京都中野区
https://www.tohogakuen.ac.jp/announce/

専門学校東京テクニカルカレッジ
〈web動画クリイター科〉
東京都中野区
https://tec.ttc.ac.jp/

東京アニメ・声優&eスポーツ専門学校
〈アニメ・イベント〉
東京都江戸川区
https://www.anime.ac.jp/

東京コミュニケーションアート専門学校
〈アニメーション専攻／マンガ専攻〉
東京都江戸川区
https://www.tca.ac.jp/

東京スクールオブミュージック専門学校
〈声優・アクターワールド〉
東京都江戸川区
https://www.tsm.ac.jp/

町田・デザイン専門学校
〈イラストレーション科／Web・CGアニメーション科〉
東京都町田市森野
https://www.mdc.ac.jp/

総合学院テクノスカレッジ／東京工学院専門学校
〈アニメ・マンガ科〉
東京都小金井市
https://www.technosac.jp/

HAL東京・大阪・名古屋
〈CG・デザイン・アニメ４年生学科〉
https://www.hal.ac.jp/

新潟デザイン専門学校
〈キャラクターイラストデザイン科／イラストレーション科〉
新潟県新潟市中央区
https://ncadnet.jp/

宮崎情報ビジネス医療専門学校
〈情報システム科CG・映像クリエーターコース〉
宮崎県宮崎市
https://www.miyajobi.ac.jp/

鹿児島キャリアデザイン専門学校
〈TV映像音響科〉
鹿児島県鹿児島市
https://www.harada-gakuen.ac.jp/career/

専門学校サンテクノカレッジ
〈マルチメディア科〉
山梨県甲斐市
https://www.suntech.ac.jp/

専門学校静岡電子情報カレッジ
〈音響＆映像メディアクリエイト学科　映像メディア研究〉
静岡県静岡市
https://www.can.ac.jp/denshi/

専門学校名古屋ビジュアルアーツ
〈映像学科〉
愛知県名古屋市中央区
https://www.n-visual.net/

大阪スクールオブミュージック専門学校
〈デジタルメディアワールド〉
大阪市西区新町
https://www.osm.ac.jp/

ビジュアルアーツ専門学校大阪
〈放送・映画学科〉
大阪府大阪市北区
https://www.visual-arts-osaka.ac.jp/

岡山科学技術専門学校
〈映像音響学科〉
岡山県岡山市北区
https://www.oist.ac.jp/

広島工業大学専門学校
〈音響・映像メディア学科〉
広島県広島市西区
https://www.hitp.ac.jp/

福岡スクールオブミュージック＆ダンス専門学校
〈放送映像コース〉
福岡県福岡市博多区
https://www.fsm.ac.jp/

熊本デザイン専門学校
〈メディア映像デザイン科〉
熊本県熊本市中央区
https://www.kumamoto-design.ac.jp/

映画関連団体

(一社) 全日本テレビ番組製作社連盟 (ATP)
http://www.atp.or.jp/

国際企業映像協会ITVA-日本
http://itva-jp.com/

(一財) デジタルコンテンツ協会
https://www.dcaj.or.jp/

(一社) 日本映像ソフト協会 (JVA)
http://www.jva-net.or.jp/

日本国際映画著作権協会 (JIMCA)
https://www.jimca.co.jp/

東京国際映画祭
https://www.tiff-jp.net/

(特非) 映像産業振興機構 (VIPO)
https://www.vipo.or.jp/

(一社) コンテンツ海外流通促進機構
http://www.coda-cj.jp/

(公財) ユニジャパン
https://www.unijapan.org/

日本コンパクトディスク・ビデオレンタル商業組合
http://www.cdvnet.jp/

(一社) 日本レコード協会
https://www.riaj.or.jp/

(特非) メディア・アクセス・サポートセンター
https://www.npo-masc.org/

無声映画観賞会・マツダ映画社
東京都足立区
https://matsudafilm.com/

NPO法人独立映画鍋
東京都千代田区
http://eiganabe.net

「映画館に行こう」参加配給会社一覧

(五十音順)

アスミック・エース株式会社
https://www.asmik-ace.co.jp/

ウォルト・ディズニー・ジャパン株式会社
https://www.disney.co.jp/

エイベックス・ピクチャーズ株式会社
https://avex-pictures.co.jp/

映画会社 (会員4社)

松竹株式会社
https://www.shochiku.co.jp/

東宝株式会社
https://www.toho.co.jp/

東映株式会社
https://www.toei.co.jp/

株式会社KADOKAWA
https://www.kadokawa.co.jp/

映画関連団体

(一社) 映画産業団体連合会
http://www.eidanren.com/

(一社) 外国映画輸入配給協会
https://www.gaihai.jp/

全国興行生活衛生同業組合連合会
https://www.zenkoren.or.jp/

(一社) 日本映画テレビ技術協会
http://www.mpte.jp/

協同組合 日本映画製作者協会
https://www.nitieikyo.com/

映像素材・音楽・著作権など

(一社) 日本映像・音楽ライブラリー協会
https://www.jvla.gr.jp/

(一社) 日本音楽著作権協会 (JASRAC)
https://www.jasrac.or.jp/

(公社) 著作権情報センター
https://www.cric.or.jp/

映像関連団体

日本アニメーション協会 (JAA)
http://www.jaa.gr.jp/

(一社) 日本映画テレビ技術協会
http://www.mpte.jp/

日本映画撮影監督協会 (J.S.C.)
https://www.thejsc.net/

(一社) 日本ポストプロダクション協会 (JPPA)
http://www.jppanet.or.jp/

株式会社トランスフォーマー
https://transformer.co.jp/

東和ピクチャーズ株式会社
https://www.towapictures.co.jp/

日活株式会社
https://www.nikkatsu.com/

ニューセレクト株式会社
https://www.new-select.jp/

株式会社博報堂DYミュージック&ピクチャーズ
https://www.hakuhodody-map.jp/

株式会社ハピネット
https://www.happinet.co.jp/

株式会社パルコ
https://www.parco.co.jp/

株式会社ファインフィルムズ
https://finefilms.co.jp/

株式会社ファントム・フィルム
https://www.phantom-film.com/

株式会社プレシディオ
https://www.presidio.co.jp/

ブロードメディア株式会社
https://www.broadmedia.co.jp/

株式会社ポニーキャニオン
https://www.ponycanyon.co.jp/

武蔵野興業株式会社
http://www.musashino-k.co.jp/

吉本興業株式会社
https://www.yoshimoto.co.jp/

REGENTS(株式会社ムサシノ広告社)
https://www.regents-tokyo.com/

有限会社ロングライド
https://longride.jp/

株式会社WOWOW
https://www.wowow.co.jp/

ワーナー ブラザース ジャパン合同会社
https://warnerbros.co.jp/

株式会社エスピーオー
https://www.spoinc.jp/

株式会社LDH JAPAN
https://ldh.co.jp/

大蔵映画株式会社
http://www.okura-movie.co.jp/

株式会社KADOKAWA
https://www.kadokawa.co.jp/

カルチャヴィル合同会社
https://www.culture-ville.jp/

カルチュア・エンタテインメント株式会社
https://www.culture-ent.co.jp/

株式会社キノフィルムズ
https://kinofilms.jp/

ギャガ株式会社
https://www.gaga.co.jp/

株式会社クロックワークス
https://klockworx.com/

松竹株式会社
https://www.shochiku.co.jp/

株式会社シンカ
https://synca.jp/

株式会社ソニー・ピクチャーズ エンタテインメント
https://www.sonypictures.jp/

株式会社ツイン
https://www.twin2.co.jp/

東映株式会社
https://www.toei.co.jp/

東京テアトル株式会社
https://www.theatres.co.jp/

東宝株式会社
https://www.toho.co.jp/

東宝東和株式会社
http://tohotowa.co.jp/

株式会社東北新社
https://www.tfc.co.jp/

映画テーマパーク／映画村／映画記念館／アニメ美術館

鎌倉市川喜多映画記念館
神奈川県鎌倉市
https://www.kamakura-kawakita.org/

おのみち映画資料館
広島県尾道市
https://www.city.onomichi.hiroshima.jp/soshiki/7/4033.html/

神戸映画資料館
神戸市長田区
https://kobe-eiga.net/

羽島市歴史民俗資料館・羽島市映画資料館
岐阜県羽島市
https://www.hashima-rekimin.jp/

松永文庫
福岡県北九州市門司区
https://www.matsunagabunko.net/

国立映画アーカイブ
東京都中央区
https://www.nfaj.go.jp/

アニメ館

三鷹の森ジブリ美術館
東京都三鷹市
https://www.ghibli-museum.jp/

横浜アンパンマンこどもミュージアム
横浜市西区みなとみらい
https://www.yokohama-anpanman.jp/

水木しげる記念館
鳥取県境港市
https://mizuki.sakaiminato.net/

東京アニメセンター
東京都渋谷区神南
https://tokyoanimecenter.jp/

長井勝一漫画美術館
宮城県塩竈市
https://www.city.shiogama.miyagi.jp/soshiki/39/3567.html

映画テーマパーク・映画村・オープンセット

東映太秦映画村
京都市右京区
https://toei-eigamura.com/

ユニバーサル・スタジオ・ジャパン
大阪市此花区
https://www.usj.co.jp/

スタジオセディック庄内オープンセット
山形県鶴岡市
https://openset.s-sedic.jp/

二十四の瞳映画村
香川県小豆郡小豆島町
https://www.24hitomi.or.jp/

江戸ワンダーランド 日光江戸村
栃木県日光市
http://edowonderland.net/

おもちゃ映画ミュージアム
京都市中教区
http://toyfilm-museum.jp/

映画記念館・資料館

塩屋出店・西河克己映画記念館
鳥取県八頭郡智頭町
https://shioyademise.okoshi-yasu.com

三沢市寺山修司記念館
青森県三沢市
https://www.terayamaworld.com/museum.html

葛飾柴又寅さん記念館
東京都葛飾区
http://www.katsushika-kanko.com/tora/

木下恵介記念館
静岡県浜松市
https://keisukemuseum.org/

山田洋二ミュージアム
東京都葛飾区
http://www.katsushika-kanko.com/yamada-yoji-museum/

青山剛昌ふるさと館
鳥取県北栄町
https://www.gamf.jp/

いがらしゆみこ美術館
岡山県倉敷市
http://www.aska-planning-design.co.jp/museum/museumtop.html

宝塚市立手塚治虫記念館
兵庫県宝塚市
https://www.city.takarazuka.hyogo.jp/tezuka/

横山隆一記念まんが館
高知県高知市
http://www.kfca.jp/mangakan/

石ノ森萬画館
宮城県石巻市
https://www.mangattan.jp/manga/

新潟市マンガ・アニメ情報館
新潟市中央区八千代
http://museum.nmam.jp/

ウルトラマンスタジアム
石川県能美市
https://tedori.jp/ultraman.html

川崎市 藤子・F・不二雄ミュージアム
神奈川県川崎市
http://fujiko-museum.com/

永井豪記念館
石川県輪島市
https://www.go-wonderland.jp/

北九州市漫画ミュージアム
福岡県北九州市小倉北区
https://www.ktqmm.jp/

京都国際漫画ミュージアム
京都市中京区
https://www.kyotomm.jp/

これまで開催された主な国内映画祭

【栃木県】
那須ショートフィルムフェスティバル　那須町

【群馬県】
伊参スタジオ映画祭　中之条町
高崎映画祭　高崎市

【埼玉県】
SKIPシティ国際Dシネマ映画祭　川口市
花の街ふかや映画祭　深谷市
ふかや・インディーズ・フィルム・フェスティバル　深谷市
彩の国さいたま中国映画祭　さいたま市

【千葉県】
アジア海洋映画祭イン幕張　千葉市
東葛国際映画祭　我孫子市、柏市、流山市

【東京都内】
EARTH VISION地球環境映像祭
アムネスティ・フィルム・フェスティバル
イスラエル映画祭
イタリア映画祭
イメージフォーラム・フェスティバル
インディーズムービー・フェスティバル
NHKアジア・フィルム・フェスティバル
科学技術映像祭
キンダー・フィルム・フェスティバル
さらば戦争！映画祭
JCF学生映画祭
ショートショート フィルムフェスティバル
東京学生映画祭
東京国際映画祭
東京国際女性映画祭
東京国際レズビアン＆ゲイ映画祭
東京ビデオフェスティバル
東京フィルメックス
東京平和映画祭
東京インディペンデント映画祭
フランス映画祭
SKIPシティ国際Dシネマ映画祭
アラブ映画祭

【北海道】
アジア映画祭 in あさひかわ　旭川市
さっぽろ映画祭　札幌市
札幌国際短編映画祭　札幌市
さっぽろ女性映画祭　札幌市
SHINTOKU 空想の森映画祭　新得町
函館港イルミナシオン映画祭　函館市
星の降る里芦別映画学校　芦別市
夕張国際学生映画祭　夕張市、札幌市
ゆうばり国際ファンタスティック映画祭　夕張市

【青森県】
中世の里なみおか映画祭　弘前市
あおもり映画祭　青森市
青森県立美術館 美術館の映画祭　青森市

【岩手県】
盛岡自主制作映画祭 MOVIN' 3　盛岡市
みちのく国際ミステリー映画祭　盛岡市

【宮城県】
三陸映画祭 in 気仙沼　気仙沼市
ショートピース！仙台短篇映画祭　仙台市

【秋田県】
あきた十文字映画祭　十文字町
秋田コメディ映画祭　にかほ市

【山形県】
ひがしね湯けむり映画祭　東根市
村川透映画祭　村山市
山形国際ドキュメンタリー映画祭　山形市
山形国際ムービーフェスティバル　山形市
山形自主制作映像祭　山形市
しらたか的音楽映画塾　白鷹町
米沢アジア映画祭　米沢市

【福島県】
すかがわ国際短編映画祭　須賀川市

【茨城県】
水戸短編映像祭　水戸市

【福井県】
ふくい街かど映画祭 福井市
福井インディーズ映画祭 福井市

【静岡県】
木下恵介記念はままつ映画祭 浜松市
清水映画祭 静岡市

【岐阜県】
ぎふアジア映画祭 岐阜市
中津川映画祭 シネマジャンボリー 中津川市ほか
飛騨国際メルヘンアニメ映像祭 高山市
飛騨高山ドキュメンタリー映像祭 高山市

【愛知県】
あいち国際女性映画祭 名古屋市
ジャパン・デジタル・アニメーション・フェスティバル 名古屋市
福祉映画祭 in NAGOYA 名古屋市
名古屋学生映画祭 名古屋市
名古屋シネマフェスティバル 名古屋市
とよはしまちなかスロータウン映画祭 豊橋市

【三重県】
三重映画フェスティバル 津市
甲賀映画祭 甲賀市

【奈良県】
奈良名作映画祭 奈良市

【京都府】
京都国際映画祭 京都市
京都国際学生映画祭 京都市
京都・ヘンナニジイロ祭 京都市

【大阪府】
大阪アジアン映画祭 大阪市
おおさかシネマフェスティバル 大阪市
大阪平和映画祭 大阪市
大阪ヨーロッパ映画祭 大阪市
関西Queer Film Festival 大阪市
シネアスト・オーガニゼーション・大阪エキシビション 大阪市
シネトライブ 大阪市

アフガニスタン映画祭
アジア海洋映画祭イン幕張
朝日ベストテン映画祭
1minute Animation Festival
地球環境映像祭
東京国際ファンタスティック映画祭
東京国際短編映画祭～Short Cuts
TOHOシネマズ学生映画祭 八王子市
西東京市民映画祭 西東京市
TAMA CINEMA FORUM 多摩市
調布映画祭 調布市
インディーズアニメフェスタ 三鷹市
あきる野映画祭 あきる野市

【神奈川県】
イメージフォーラム・フェスティバル 横浜市
海老名プレミアム映画祭 海老名市
小田原映画祭 小田原市
KAWASAKIしんゆり映画祭 川崎市
逗子湘南ロケーション映画祭 逗子市
プレアデス国際短編映画祭 鎌倉市
ヨコハマ映画祭 横浜市
横濱学生映画祭 横浜市

【山梨県】
やまなし映画祭 甲府市

【長野県】
うえだ城下町映画祭 上田市
小津安二郎記念・蓼科高原映画祭 茅野市
北信濃小布施映画祭 小布施町
スターダスト・シアター星空の映画祭 原村
みすずかるしなの NAGANO映画祭 長野市

【新潟県】
にいがた国際映画祭 新潟市
長岡アジア映画祭 長岡市

【富山県】
世界自然・野生生物映像祭 富山市

【石川県】
金沢コミュニティ映画祭 金沢市

【大分県】
ぴあフィルムフェスティバル 大分市
湯布院映画祭 湯布院町
ゆふいんこども映画祭 湯布院町
ゆふいん文化・記録映画祭 湯布院町

【宮崎県】
宮崎映画祭 宮崎市

【熊本県】
笠智衆祭 天水町

【沖縄県】
沖縄国際映画祭 那覇市
OKINAWA MOTION PICTURE FESTIVAL
－沖縄映像祭－ 那覇市

【全国各地】
ぴあフィルムフェスティバル
RESFEST Japan
イメージフォーラム・フェスティバル
キンダー・フィルム・フェスティバル
科学技術映像祭

各実行委員会ホームページより
注：この中には、現在終了した映画祭もあります。

プラネット映画祭 大阪市
大阪国際シネマドリーム・いずみさの映画祭 泉佐野市
豊中平和映画祭 豊中市

【兵庫県】
神戸100年映画祭 神戸市
新開地映画祭 神戸市
宝塚映画祭 宝塚市

【岡山県】
岡山映画祭 岡山市

【島根県】
しまね映画祭 島根県内

【広島県】
ひろしま映像展 広島市
広島国際アニメーションフェスティバル 広島市
ヒロシマ平和映画祭 広島市
みはら映画祭（市民映画祭） 三原市

【山口県】
しものせき映画祭 下関市
HAGI世界映画芸術祭 萩市

【香川県】
アイパル・JICA映画祭 高松市
香川レインボー映画祭 高松市
さぬき映画祭 高松市
せとうち映像祭 高松市
宇多津映画祭 宇多津市

【福岡県】
アジアフォーカス・福岡国際映画祭 福岡市
福岡アジア映画祭 福岡市
しんぐうシネマサミット 新宮町

【佐賀県】
伊万里・黒澤映画祭 伊万里市
古湯映画祭 佐賀市

【長崎県】
ピースな映像祭 長崎市

ジャパン・フィルムコミッション加盟FC

JL-DB　JAPAN LOCATION DATABASE（文化庁）全国ロケーションデータベース・FC一覧より

石川
金沢フィルムコミッション
輪島フィルムコミッション
内灘フィルムコミッション

福井
福井フィルムコミッション
敦賀フィルムコミッション

山梨
富士の国やまなしフィルム・コミッション
（一社）富士河口湖町観光連盟

長野
信州上田フィルムコミッション
松本フィルムコミッション
諏訪圏フィルムコミッション
ながのフィルムコミッション
塩尻フィルムコミッション
伊那谷フィルムコミッション
長野県観光機構
（信州フィルムコミッションネットワーク）

岐阜
岐阜フィルムコミッション
多治見フィルムエンジン
飛騨フィルムコミッション
大垣フィルムコミッション

静岡
浜松フィルムコミッション
静岡県フィルムコミッション連絡協議会

愛知
なごや・ロケーション・ナビ
愛知県フィルムコミッション協議会
いちのみやフィルムコミッション
岡崎フィルムコミッション
かにえフィルムコミッション

三重
みえフィルムコミッション協議会
よっかいちフィルムコミッション

滋賀
滋賀ロケーションオフィス

京都
舞鶴フィルムコミッション
京都市メディア支援センター

北海道
北海道ロケーション連絡室
はこだてフィルムコミッション
旭川地域フィルムコミッション
札幌フィルムコミッション
とまこまいフィルムコミッション
岩見沢ロケーションオフィス

岩手
盛岡広域フィルムコミッション
みちのくフィルムコミッション 奥州市ロケ推進室
花巻市観光課

宮城
せんだい・宮城フィルムコミッション

秋田
かくのだてフィルムコミッション
能代フィルムコミッション
だいせん大曲フィルムコミッション
よこてフィルムコミッション
にかほ市フィルムコミッション
あきたロケ支援ネットワーク

山形
山形フィルム・コミッション

福島
会津若松フィルムコミッション
いわきフィルム・コミッション協議会
二本松ロケ支援隊（二本松フィルムコミッション）

茨城
いばらきフィルムコミッション

群馬
ぐんまフィルムコミッション

千葉
千葉県フィルムコミッション

東京
東京ロケーションボックス

新潟
新潟県フィルムコミッション協議会

富山
富山フィルムコミッション
富山県ロケーションオフィス

山口市フィルム・コミッション
岩国市フィルムコミッション

徳島
徳島県ロケーション・サービス

香川
香川フィルムコミッション

愛媛
えひめフィルム・コミッション
今治地方フィルムコミッション

高知
高知フィルムコミッション

福岡
北九州フィルム・コミッション
福岡フィルムコミッション
柳川フィルムコミッション
たがわフィルムコミッション

佐賀
佐賀県フィルムコミッション

長崎
長崎県フィルムコミッション

熊本
天草フィルム・コミッション
くまもとフィルムコミッション
くまもとシティ・フィルムオフィス
かみあまくさ↗フィルムコミッション

大分
大分市ロケーションオフィス
宇佐フィルムコミッション
大分県ロケツーリズム推進協議会

宮崎
宮崎フィルム・コミッション

鹿児島
鹿児島市観光課
かごしまフィルムオフィス

沖縄
沖縄フィルムオフィス
沖縄市KOZAフィルムオフィス
石垣島フィルムオフィス

https://www.jldb.bunka.go.jp/fc/

京丹後フィルムコミッション
京都亀岡フィルムコミッション

大阪
大阪フィルム・カウンシル
堺フィルムオフィス

兵庫
神戸フィルムオフィス
姫路フィルムコミッション
きのさきフィルムコミッション
ひょうごロケ支援Net
淡路島フィルムオフィス
丹波篠山フィルムコミッション
三木フィルムコミッション
播州赤穂フィルムコミッション
高砂市フィルムコミッション
明石フィルムコミッション
HYOGO Medioフィルムコミッション

奈良
大和桜井フィルム・コミッション
フィルムコミッション・奈良県サポートセンター

和歌山
わかやまフィルム・コミッション
熊野しんぐうフィルムコミッション

鳥取
鳥取県フィルムコミッション

島根
松江フィルムコミッション協議会
隠岐の島フィルムコミッション
島根フィルムコミッションネットワーク

岡山
岡山県フィルムコミッション協議会

広島
広島フィルム・コミッション
おのみちフィルム・コミッション
フィルム・コミッションみはら
ふくやまフィルムコミッション

山口
萩ロケ支援隊（フィルム・コミッション）
下関フィルム・コミッション
山口県フィルム・コミッション
美祢市フィルムコミッション
宇部フィルムコミッション
長門市フィルムコミッション

索引

INDEX

か行

あ行

さ行

た行

資料編 索引

ま行

な行

は行

数字

や行

ら行・わ行

アルファベット

【著者紹介】

中村　恵二（なかむら　けいじ）

1954年山形県生まれ。法政大学経済学部卒。ライター。これまで「図解入門業界研究」シリーズ（秀和システム）を中心に、多数の業界解説本を発表している。執筆の傍ら、高校や大学等で進路選択の講演活動なども行っている。紙と電子本の編集プロダクション「ライティング工房」を主催。

佐々木　亜希子（ささき　あきこ）

山形県酒田市出身。活弁士。山形県立酒田東高校、埼玉大学教養学部を卒業後、NHK山形放送局で契約ニュースキャスターを務め、その後フリーアナウンサーとなる。2000年12月より、東京キネマ倶楽部で活動弁士としてデビューし、現在に至る。著書には、『カツベンっておもしろい！』（論創社）がある。

図解入門業界研究
最新映画産業の動向とカラクリがよ～くわかる本［第４版］

発行日　2021年 9月10日　第1版第1刷

著　者　中村　恵二／佐々木　亜希子

発行者　斉藤　和邦
発行所　株式会社　秀和システム
〒135-0016
東京都江東区東陽2-4-2　新宮ビル2F
Tel 03-6264-3105（販売）Fax 03-6264-3094
印刷所　三松堂印刷株式会社　Printed in Japan

ISBN978-4-7980-6462-8 C0033